三牧坊的花环

——纪念教育家陈君实文集

汪征鲁 游天容◎主 编

中国社会科学出版社

图书在版编目（CIP）数据

三牧坊的花环：纪念教育家陈君实文集／汪征鲁，游天容主编．—北京：中国社会科学出版社，2021.9

ISBN 978-7-5203-8749-1

Ⅰ.①三… Ⅱ.①汪…②游… Ⅲ.①陈君实—纪念文集 Ⅳ.①K825.46-53

中国版本图书馆 CIP 数据核字（2021）第 138201 号

出 版 人 赵剑英
责任编辑 安 芳
责任校对 张爱华
责任印制 李寡寡

出　　版 中国社会科学出版社
社　　址 北京鼓楼西大街甲 158 号
邮　　编 100720
网　　址 http://www.csspw.cn
发 行 部 010-84083685
门 市 部 010-84029450
经　　销 新华书店及其他书店

印　　刷 北京君升印刷有限公司
装　　订 廊坊市广阳区广增装订厂
版　　次 2021 年 9 月第 1 版
印　　次 2021 年 9 月第 1 次印刷

开　　本 710×1000 1/16
印　　张 13.75
字　　数 215 千字
定　　价 85.00 元

教育家陈君实

（1923. 6—2018. 12）

赠你陈君实同志

君子育才闻八闽
实干兴邦耀中华

胡平 航箴

老朋友胡平同志手书

南星中学 创建85周年大庆
忆当年是铸南星教学楷模师生奋进
看今朝莘莘学子建功立业永发扬不懈

陈君实 书
2012年1月

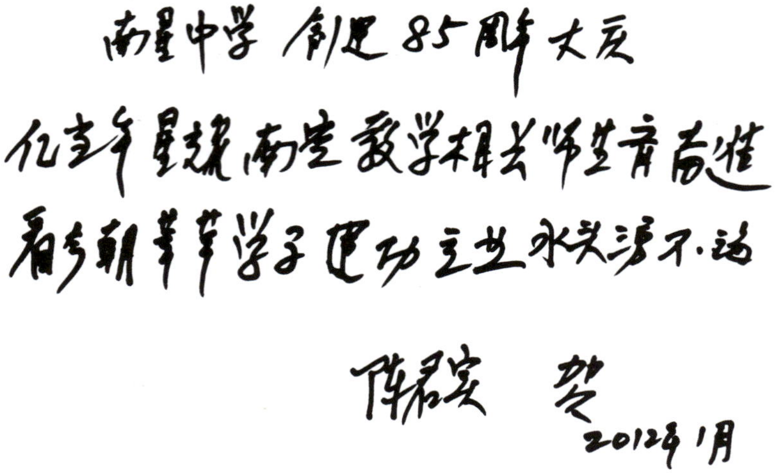

陈君实手迹

与南星中学优秀班主任合影（1992 年）

陈君实夫妇与久别重逢的五哥（1992 年 11 月）

2018 年 2 月，陈老校长以 96 岁高龄最后一次回到他为之奋斗一生的福州一中，参加春节师生团拜。中、左立者分别为后任校长朱鼎丰、李迅，前右一立者为党委书记王能斌

福州一中元老、今年 101 岁的马秀发老师在听到陈君实校长逝世的消息时，动情地说："他比我还小两岁，不该走在我的前头。"她以矍铄的精神、清晰的语言，回顾了他们为教育事业奋斗的世纪历程。这是 2019 年 5 月的一个周末，她接受校友卫小林、陈登登采访时的画面

陈君实与校友、历史学家汪征鲁教授（2002 年 3 月）

（左起）校友叶小宇、叶东、贾晓工看望老校长（2014 年 5 月）

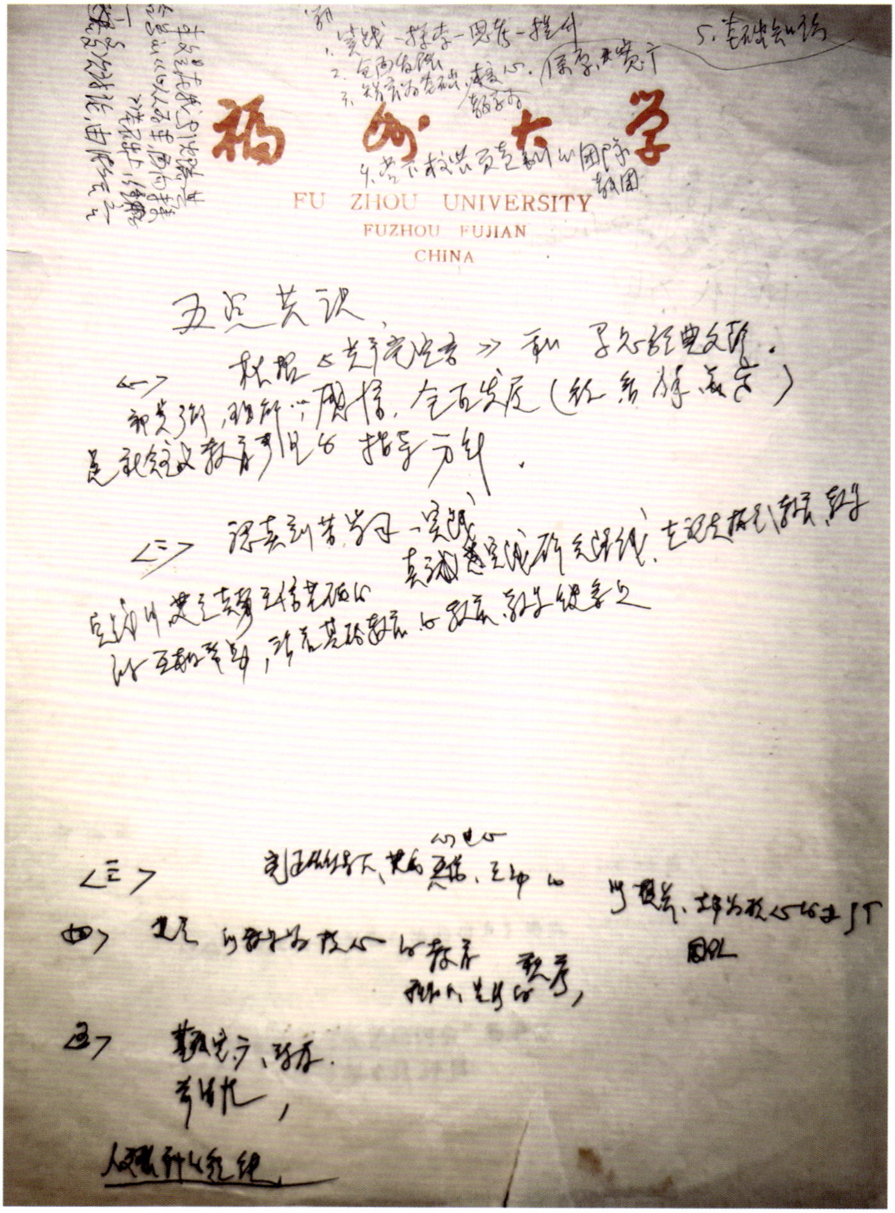

福州大学

FU ZHOU UNIVERSITY

FUZHOU FUJIAN

CHINA

五点共识

〈一〉

〈二〉

〈三〉

〈四〉

〈五〉

撰写《感悟教育人生》的提纲手稿：五点共识

海峡读书日书展（2016 年）

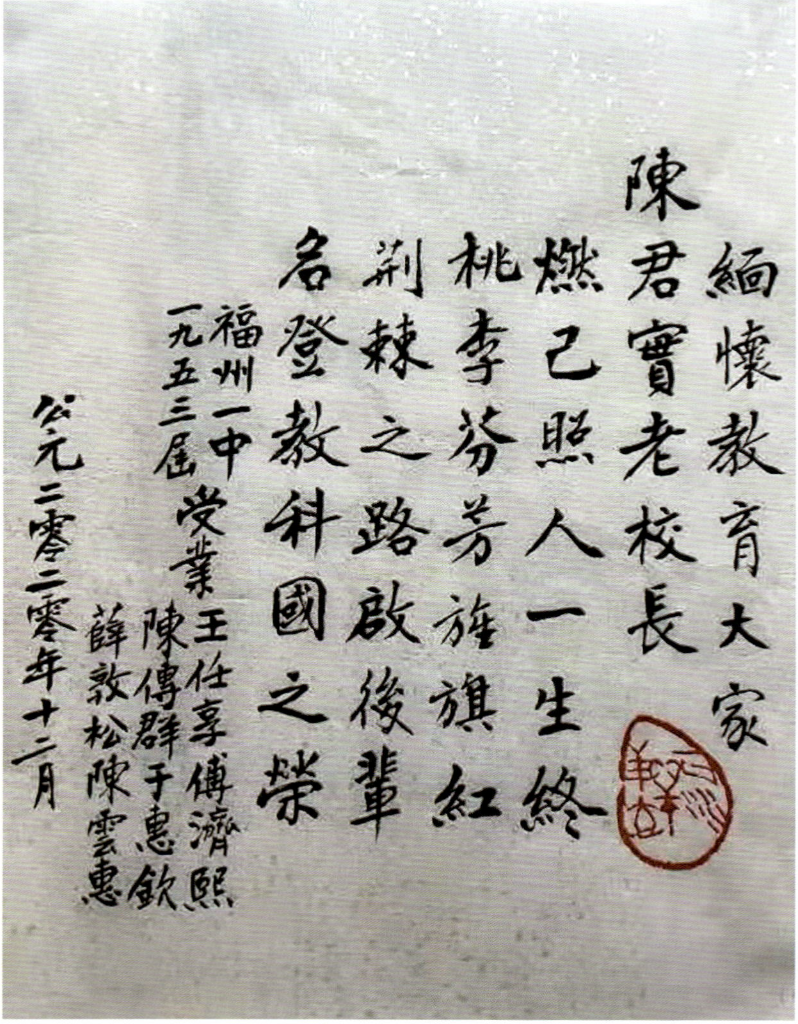

緬懷教育大家
陳君實老校長
燃己照人一生終
桃李芬芳旌旗紅
荊棘之路啟後輩
名登教科國之榮
福州一中
一九五三屆受業
王任享傅濟熙
陳傳群于惠欽
薛敦松陳雲惠
公元二零二零年十二月

由校友、中国工程院院士王任享牵头，1953 届校友为纪念陈君实老校长逝世两周年集体创作的斗方（2020 年 12 月）

主编简介

汪征鲁，上海人，1947 年 8 月生。1989 年于首都师范大学历史系获博士学位。曾任福建师范大学副校长、福建师范大学国学研究中心主任；曾被评为全国模范教师、享受国务院政府特殊津贴的专家、福建省优秀专家、福建省人民教师；曾兼任中国史学会理事、福建历史学会副会长、福建省炎黄文化研究会副会长。著有《魏晋南北朝选官体制研究》《闽文化新论》等 7 部专著，在《历史研究》《中国史研究》等期刊杂志发表论文 80 余篇。科研成果先后获教育部人文社科优秀成果三等奖三项，福建省人文社科优秀成果一等奖六项、二等奖二项。

游天容，1939 年 10 月生。1960 年 12 月加入中国共产党，1963 年秋毕业于福建师范学院（今福建师范大学），分配到福州一中任教。游先生不忘初心，敬业笃行，潜心从教，为中学高级教师职称。曾任校德育处主任，福建省教育学会政治教学委员会常务理事，获全国中、小学德育先进工作者等荣誉称号。

目　录

序

朱鼎丰*

陈君实老校长走了，我们编辑《三牧坊的花环》来悼念他。

他是仰望星空的教育家。教育乃是关于人的发展的事业。在“人只能是阶级的人”“人与人之间的关系只能是阶级关系”的年代里，他撷取并服膺于《共产党宣言》里的一个光辉思想，即在未来的新社会里，“每个人的自由发展是一切人的自由发展的条件”①。他说：“我理解人的‘自由发展’，必然是人的潜能的充分的、全面的、多元的发展。”（见陈君实《感悟教育人生》）这是他始终不渝的教育观，他的教育理念。他有着足够强大的内心世界，让他能把目光从被作为“阶级斗争阵地”的学校，投向美丽的“人的自由发展”的星空，投向未来社会“一切人”自由发展的深邃苍穹。在他被打倒受管制的日子里，他坚信自己办学并没有错，“难道要我培养一些笨蛋才好吗?”“我心安理得，我是不该被打倒的，而打倒我的人一定会被打倒。”（见陈君实与乔梅英等谈话录音稿）唯有如此强大的内心世界，才能仰望星空，探究教育真谛。

他又是砥砺前行的探索者、实干家。在他“一进”一中时，建立

---

* 作者系特级教师。

① 《马克思恩格斯选集》第一卷，人民出版社1968年版，第261页。

并坚持以教师为主体、以“三表”为中心的学校管理制度，让教育回归秩序，诞生规范，出现了连续三年高考全国夺冠的轰动场面。在他“二进”一中时，深化“双基”教学与训练，加强实验与社会实践活动，让学生的德、智、体、美、劳诸方面得到全面发展与提升。到1979年，“三进”一中时，他率先提出“教育要为21世纪培养创造性人才”的教育目标，引导这所名校更上一层楼。

他的一切，包括他的人品、风格、学识，他简洁的表达方式乃至他伟岸的身躯，无不影响着当年一中师生的行止、动静。他是一位富有人格魅力的校长。1983年，他调离一中，但他的业绩与风范将长留一中史册，光耀教育蓝天。

从50年代至今，从《荆棘之路》到《三牧坊的花环》，作为他的同事与学生，我们一路追随，一路解读，一生受益。现在终于到了诀别的时候，我们万分不舍，谨以此书，向他致以敬意。

本书稿件主要来自2019年1月由校友叶小宇、叶东、贾晓工、陈登登发起与资助的“陈君实校长追思座谈会”上的发言稿，没有做更大范围的征稿。可以说，没有这场追思座谈会就没有本书的问世。校友、博士生导师汪征鲁教授对本书的编辑、出版作了精心筹划，以他丰厚的文化底蕴回报母校、回报老校长。书中数十篇文章的作者大都是原福州一中师生，他们再一次刻画了陈校长为人、为师、为长的风范。“直道至今犹在，清名终古常留。”

安息吧！老校长！

感悟教育人生

——重读《荆棘之路》

陈君实

2002 年 5 月，承蒙当年几位同仁和学生，在我从教五十周年的日子里，编辑、出版了《荆棘之路——陈君实教育实践文集》。福州一中为此举行了隆重的首发式，《福建日报》、福州电视台等媒体也做了报道。从那以后时间又过去数年，我已步入耄耋之年，但我仍在思索着当年的办学和这本书的内容。感到仍有些许心得，写了下来，借贵刊一角，以发老凤之声，为当年教育教学工作做一总结。

我在民国时期接受了比较完整的学校教育。小学、中学各上了六年，然后通过联考进入大学经济学系。经过四年的学习，做完毕业论文，获得学位。在大学期间，我接受了马克思主义理论，加入中国共产党，参加反对蒋介石政权的学生运动和闽西南游击区的武装斗争。中华人民共和国成立之初，我在闽北农村做土地改革工作，组织农民分田分地。1952 年 6 月，奉召到福州报到，为福建省第一批派校干部。当年 8 月底，受命到福州一中任副校长，负责教学和行政工作。1956 年起任校长（后又兼党支部书记）。1959 年被调离。1962 年夏，返校继续任校长。“文化大革命”时期，再次被撤职。1979 年党的十一届三中全会召开后，再返校接任书记兼校长，直至 1983 年调省教育厅。

中学本来应当是风平帆直、细雨润物的育人场所，却逢多事之秋，让我的个人遭遇起伏跌宕、曲折万分，出现“三进三出”福州一中的奇特经历。

但是，我之所以称当年的创业和不懈追求的历程为“荆棘之路”，不是从我个人经历着眼。同党的伟业比较起来，个人的牺牲算不了什么。我仅从技术层面和人文层面来说明当年艰辛曲折的探索创新之路。

中华人民共和国成立后，百废待举，我们接收了民国时期遗留下来的各类学校，并加以调整改造，使之成为社会主义的人民学校。但是，这性质全新的人民学校究竟是何样的规制与模式，则没有现成的依据，只能靠人们在实践中探求，逐步建构、充实起来。而在这一全新的探求中，除了上级的正确指示之外，校长（或书记）个人的教育素养是起着很大作用的。可以这么说，我当年是凭着自己在求学中积淀的“教育直觉”和“教育良知”开始了我的教育生涯。

比如，当时强调一切工作都要走群众路线，在改造旧学校、建设新学校的工作中，也要发动群众、组织群众、依靠群众。那么，在一所中学里，该如何举步，才算是贯彻了这条路线？我很快意识到，最为基本的是发动、组织教师队伍，依靠他们办好学校。因为只有他们才是内行、专家，才是学校的稳定力量。有了这一基本认识，我就不避当时的忌讳和风险，对校内从旧社会过来的教职员，从人格上尊重他们，业务上信任他们，生活上关心他们。同他们平等沟通，展开对教材内容的研究、切磋，对教学形式的互动研讨，同他们建立起互动互信的关系。我坚持深入课堂听课，了解不同教师的不同教学风格，做到心中有数，让校长不但到岗，而且到位。所以，尽管当时有些外来的干扰，但是由于有了高素质的教师队伍，福州一中很快形成了稳定的教学秩序，浓厚的教研风气，和谐的进取步调，为学校后来的质量全面跃升提供了强有力的保障。到 1956 年，毛泽东发表了《关于正确处理人民内部矛盾的问题》，提出“我们的教育方针，应该使受教育者在德育、智育、体育几方面都得到发展，成为有社会主义觉悟的有文化的劳动者”①。后来又加上诸如“教育为无产阶级政治服务”“教育同生产劳动相结合”等“限定”，教育界立即掀起学习贯彻的热潮，与此同时，也提出向苏联学习，引进凯洛夫教育学。在学习、实践、思索中，我对党的教育方针的理解，着重于两个支撑点：“全面发展”和“生产劳动”。马克思、恩格斯在《共产党宣言》中提出，在未来的新社会里，“每个人的自由发展是一切人的自由发展的条件”②，我理解人的“自由发展”，必然是人潜能的充分的、全面的、多元的发展。《共产党宣言》又提出要“把教育同物质生产结合起来”，所以党的教育方针中的两个支撑点，是马克思主义教育观在我国基础教育中的具体体现。我的所谓治校方略，主要都是围绕着两个方面展开的，坚持德智体美劳诸方面协调发展，不可或缺；坚持参加一定的生产劳动，接触社会实际，这对学生形成正确的思维方法，良好的进取心态，有着不可替代的作用，也是科学世界观、人生观形成的必由之路，必须列入计划，持之以恒。在这些观念的支配下，我们建立起以课堂教学为中心、配以充分的实验设施的教学体制，校内教育与社会实践相结合的思想教育模式，建立了雷打不动的“三表”制度，大力提倡深入理解教材，充分发挥教材资源，以拓展提高学生分析能力为宗旨的课堂教学风格。由此，我们获得了规律性的认识，因此成就了连续三年“高考红旗”辉煌业绩，奠定了福州一中在中学界的领先地位。所有这一切，在《荆棘之路》中都有较为详细的总结与记述。所以，从具体的技术层面看，我们白手起家，潜心研讨，付

---

① 《关于正确处理人民内部矛盾的问题》是毛泽东同志在最高国务会议第十一次（扩大）会议上的讲话。后来毛泽东根据原始记录加以整理，作了若干补充，1957年6月19日在《人民日报》发表。

② 《马克思恩格斯选集》第一卷，人民出版社1966年版，第259—260页。

出了代价，也获得了宝贵经验。正如《荆棘之路》编委会在首发式上说明的那样，“在这里凝聚着基础教育的历史经验：教书与育人、基础与能力、课内与课外、传统与前瞻、继承与改革、求实与创新、政治与理念、思想与人格、领导与教师、纪律与养成、严格与宽松、授业与教化、发奋与启迪、积累与提高——凡基础教育涉及的方方面面，都可以在这所实验性、示范性的学校里得到解读”。

在这许多关系之中，有五个方面的内容应该是福州一中最为可贵的经验，它应该成为我们的教育共识，这就是：

第一，探索性思维能力。遵循认知逻辑，坚持探索精神，学习、实践、求索、思考、提高，达到对外部世界规律性的认识，这是教育内在的功能。它不但要成为学校领导者、教育者的基本素养，也应当成为学生优良品格中的基本素质要求。

第二，全面发展。要有一条正确的全面发展路线。从某种意义上讲，中学基础教育就是“通才教育”，为学生未来的“自由发展”提供德智体美劳诸方面的“条件装备”。学校须竭尽全力面向全体学生，为他们的全面发展创造条件与机会。

第三，智育第一。智育是学校一切工作的基础与核心。教育本来就是为开发人智而产生的，“智育第一”是学校工作的“硬道理”。智育涵盖人的社会行为的规范与认知，知识的获得与创新，能力的培养与运用等各个方面，值得教育者终身探究与实施。

第四，基础知识。给学生扎实的、系统的基础知识，会让他们终身受益。这些基础知识（当然是指在教学大纲要求之中）既是前人经验的结晶，又融进现代科技发展新成果；既体现知识的传承，又蕴含人们创新活动所必需的诸如发现、质疑、推理、分析、综合等能力。世界上没有离开知识（经验）的能力，就像没有离开载体的精神存在一样。如何在讲授知识的过程中培育能力，是中学教学的“艺术节点”，同样值得教育者终身追求与完善。

第五，团队。在中国共产党的领导下，建设以校长为核心的管理团队。团队成员必须是负责任的，有教学激情的，敏于时代与科技进步的；他们必须协调步调，到岗又到位，以教育者为自豪；在心境上，他们应当耐得住寂寞，坐得下“冷板凳”，拒绝浮躁。他们的状况，将直接决定学校的命运，并影响许多学生的未来。

由于当年特殊的政治气候，对我们所取得的成绩和获得的认识，某些部门和同仁持有异议。有异议本也正常，只是他们“上纲上线”，把探索过程中的不同思路变成“政治问题”。我个人确实为此付出了惨痛的代价。但是“尔曹身与名俱灭，不废江河万古流”，历史的经验告诉我们，教育需要创新，但教育不能跟“风”，只有坚持探索精神，独立思考，坚持按基础教育本身规律办事，才能真正推进事业健康发展，做到对人民、对社会负责。

说到福建省中学基础教育的建构、探索，不能不提到当时的教育厅厅长王于畊同志，是她的高瞻远瞩、提纲挈领，才有了福州一中奠基性的成就。对于我这位校长，除了鼓励、信任与担当之外，她没有“行政干预”，最大限度地给了我当年教育体制之内可能具有的自由发展空间，这让我终生铭记。

如果说在办学的技术层面上，我们的付出最终获得了具有传承意义的成果，那么从人文层面观察，则让我们感觉到苦涩、无奈，乃至尴尬。

学校是人文精神最为浓厚的领域，是社会关怀的摇篮。在这里，不但传授知识、探究真理、创新科技，而且培养人才、孕育精英。作为基础教育，对于这一切都必须予以独特的把握，把它融入日常的教学教育中去。可是，一旦教育被其他一些社会力量，如政治、金钱、意识形态等所“绑架”，那它的独立精神，它特有的作用且又有普世价值的内涵，将被阉割，人文光辉也会消失殆尽。我始终认定，基础教育要为学生未来的自由发展创造必要的条件，包括知识的积累、观念的培养、方法的训练，使他们成为具有人文情怀，懂得社会关怀的德才兼备的劳动者。

“文化大革命”时期，为了福州一中健康地发展，我们坚持采用正面教育引导。我要求团委会选印列宁《青年团的任务》中一些精彩段落，如“只有用人类创造的一切知识来丰富自己的头脑，才能成为共产主义者”等，以及有关青年修养的一些文章、领导讲话，发给团员、干部学习。一方面鼓励他们，用马克思主义、毛泽东思想武装自己，树立科学的世界观，用知识丰富自己，胸怀解放全人类的抱负，努力学习，准备将来占领科技高峰。另一方面我们通过各种渠道，反复说明“革命者不是自封的”，只有在三大革命实践中磨炼，才能成才。通过我们大胆的、坚决的引导，一些比较偏激的学生逐步冷静下来，学校的整体环境也得到改变。

有时，我也利用某个时期政策上出现宽松的迹象，抓住难得的机遇，推进正面教育。大约在1963—1964年间，中央有个关于做好“可教育好的子女”工作意见，我认为这在当时是一项富有建设性的意见，它体现着团结、和谐、发展的精神。我立即召集有关人员研究部署，迅速制定“掌握政策，过细工作，典型引导，重在表现，共同进步”的工作方针，并卓有成效地加以贯彻。许多“典型”学生脱颖而出，更多学生放下思想包袱，轻装上阵，争攀学习高峰。我们的工作也得到教育厅党组的肯定。现在可以这么说，我们赶在“文化大革命”之前，利用这一宽松喘息机会，通过对“可教育好的子女”的工作，培养、锻炼了一批思想比较成熟的学生干部，他们大多脱去褊狭的心理，具有较为开放的待人眼光。同时我们也保护了一批积极进取、境界不凡的学生，使他们感受到社会的关怀、学校的温暖。

我还认为，教育领域应当是一个比较平等的领域。特别是中学基础教育阶段，学生除了个体差异之外，不应当把“社会歧视”“阶级偏见”带进来。但是，在“阶级斗争为纲”的年代里，要坚持学生人人平等、升学机会均等特别困难。那时，高中毕业生实行家庭、社会关系政审“密级”制度，“密级”决定了一个学生能否升学，能读何种专业，这是一条“高压红线”，谁都触动不得。人的出身无法选择，家庭对一个人的成长也有着重大影响，但不是决定的。马克思说过：“人们的观念、观点和概念，一句话，人们的意识，随着人们的生活条件、人们的社会关系、人们的社会存在的改变而改变，这难道需要经过深思才能了解吗?”（见《共产党宣言》）学生们的父辈祖辈即使曾经属于敌对阵营，那也同他们无关，且已成历史，怎么好追究到无辜的后代？这么一个无须经过深思熟虑就能理解的问题，在极“左”时期，却成了“死结”。在“密级”不能触动的情况下，我要坚持平等、公平竞争的观念，就只能在有关学生的毕业评语上网开一面。我要求毕业班班主任和政治处有关人员，在对这部分学生下定评时，要对他们的政治态度予以肯定，“热爱祖国”“拥护党的领导”“追求进步”是他们的基本立场，同时要求不要轻易使用当时流行的内涵与外延均无确定性的一些政治术语，如“思想落后”“只专不红”“不问政治”等。这不是我有意偏袒做假，这是我对当时青年学生思想上、政治上的基本估计。值得欣慰的是，几十年过去了，回头来看这“基本估计”并无大错。也因此，在山雨欲来的动荡年代里，就有了更多的学生获得升学的机会，也减轻了有关学生进入社会的阻力。

历史的教训告诫我们，当教育失去独立精神时，教育者与受教育者都将遭难。不过，我赞赏教育前辈张伯苓说的一句话：“不以办学为晋身之阶，不以办学为求富之道。”也许这就是教育的良知所在，这就是教育人生的价值所在。

2009 年 8 月

（原文载《福建基础教育研究》2011 年第 1 期，第 124—126 页，出版时有删节）

农民工的春天何时到来

——加强职业技术教育培训

陈君实

2013年11月11日《参考消息》转载德国《青年世界报》网站11月9日的报道，题为“为了更好的生活工作”，在中国大城市的工地上有很多农村妇女，她们在那里打工比在家乡务农挣钱更多。邹云丽（音）来自贵州省农村，现年38岁，有两个孩子；四川省的魏淑群（音）现年43岁，和丈夫在外打工20年了，也有两个儿子在家中由爷爷奶奶带着。她们都没有接受劳动技能培训的机会，干不了技术含量更高的活，只能在建筑工地做简单的工作：运沙、粉刷或保洁。她们的工资在行业中算是最低的，一天12小时的工作报酬约合10欧元至16欧元（1欧元约合8.23元人民币），相当于男工薪酬的50%至70%。但是，她们心中都有着美好的梦想。魏淑群的大儿子今年考上了山东省一所大学。这让她感到自豪和高兴。她说，儿子是家里的唯一希望。“今年夏天我们把他们带到这里，让他们体验我们经历的困难”，她说，“这样他们才会理解并抓住通过学习改变生活的机会。”

看到这里，我不禁热泪盈眶。一方面，我为魏淑群一家感到欣慰，他们因为孩子考上大学，终于有了对未来的希望；另一方面，我又为被称为“农民工”的兄弟姐妹的生存状况痛心，他们受经济大潮的裹挟，背井离乡冲向城市、冲向工地，在恶劣的环境下，拿着低廉的工资，得不到起码的社会保障，干着最繁重的苦活、脏活和累活，有些甚至是很危险的活儿。他们为自己家人挣得甚至连“劳动力价值”都达不到的“价值”。如果说魏淑群是幸运的，那么“农民工”群体的生活常态却呈现了社会分配的不公和保障制度的缺失。“农民工”在城乡之间、工农之间“双栖”，于是，“临时工”就成了他们身份之痛。

在我国现代革命史中，农民作出巨大的贡献。为了民族与阶级的解放，他们冲锋陷阵，用鲜血与生命实现了“农村包围城市”的伟大战略，换来中华人民共和国的诞生。而现在，他们的后代又用自己的脊梁奠定了改革开放强国之路的基石。但是由于各种历史、社会原因，他们没能够获得应有的社会保障，还处于低文化、低技能、低收入的层面。那么，他们的孩子呢？这批由于父母双双或单方外出打工的留守儿童，他们享受的家庭之爱和学校教育都不充分，长大之后，路在何方？能否摆脱父辈“双栖”“临时”的时代阴影？我以为，需要改变时代的局限，除了加大社会改革的力度，教育更有它不可推卸的责任。

1980 年，我作为福州第一中学校长，受教育部委派访问德意志联邦与加拿大魁北克省的教育机构，尤其是在德国的访问，看到并体会到他们在扎实的基础教育之上，进行了从市场需求出发回归市场的培训方式。学生（或者可以称为徒工）的每一件产品都独具一格，畅售市场，使我深为钦佩，也许正是基于此，德国产品誉满全球，社会不同层次的劳动者充分就业。

所以，为了中国的发展，为了农民工及其后代“更好的生活工作”，我们急需培育多种层次、各种形式的技术培训体系，奉献数量更多、质量更好、技术含量更高的职业教育机构，让大批离开农村、离开土地的农业劳动者，获得有价值的技术技能训练，为他们成为现代产业工人提供必备的条件，从而让他们过上有保障、有尊严的社会生活。

《中共中央关于全面深化改革若干重大问题的决定》指出，“加快现代职业教育体系建设，深化产教融合，校企合作，培养高素质劳动者和技能型人才”。党中央的号角已经吹响，号令已经下达。为此，我呼吁教育界、职教界的同仁们，乘风破浪，把职业技术培训推向新的历史阶段。

2013年11月28日

（原文刊载于《福建教育》2014年第13期）

一个值得纪念的日子

陈君实

一个世纪前，1902 年的初夏，在三牧坊这块土地上，以凤池书院、正谊书院为基础，一所新型的学府——全闽大学堂——呱呱问世。此后几经沿革，到民国政府时期，改制为省立福州中学。这是中国人民在饱受封建王朝统治、压榨，备受列强欺负、凌辱之后，在奋起抗争中迎来的具有划时代意义的教育改革。这所在旧书院的地基上兴起的新式学校，在教育方针、教学内容等主要方面都有重要变革，是当时全国第一批，也是八闽大地上第一所新型的公立学校。

从此，位于三牧坊的这所学校培养出来的一批又一批年轻学子，投身于历史洪流之中，其中精英辈出，代有其人。首届毕业生林觉民烈士就是其中杰出的代表，他们为推翻腐朽的清王朝，迎接辛亥革命而奔走呼号、奋斗不息，直至献出宝贵的生命。其先驱之行也为尔后的人民共和国的建立铺垫了道路。这是中华数千年文化传承的光辉一页，尤其值得人们纪念。

今天，我们之所以纪念这一历史性事件，是因为这种现象常常发生在历史的某个转折点，或者步入新时期时。它常常向人们揭示新的任务和历史使命。不失时机地抓住这些机遇，人们还得不断地战胜挑战，才能把事业推向前进，夺取新的辉煌，攀登新的高峰。

中华人民共和国成立后，省福中回到了人民的怀抱，更名为福州第一中学。1952年9月，在文庙旧礼堂，在全体师生欢呼雀跃和如雷的掌声中，中共福州第一中学支部委员会宣告成立，从此三牧学府在党的领导下掀开了历史新的一页。在上级党组织正确、有力的领导和支持下，全体教师员工紧密团结，奋力拼搏，在良好的校风和学风中，使福州一中的教育、教学质量显著提高，以骄人的成绩享誉全国。

福州一中经受了严峻的历史考验，更加坚强地站立起来，也更加成熟、聪慧。在20世纪80年代初，福州一中在全国中学教育界率先明确地提出：为使学生进入21世纪，迎接新的挑战，必须奠定坚实的基础，进行教育改革并在全校努力实践。全体师生达成共识，使教学实践进入新的境界。

如今，我们已经迈进新的世纪，这是一个充满挑战，充满机遇，更是充满希望的世纪。“江山代有才人出，各领风骚数百年。”作为福州一中的普通一员，我对福州一中的未来充满希望，值此福州一中一百周年校庆之际，聊作数语，以寄同行。

1. 发扬成绩，正视不足，继往开来。

2. 高度重视并狠抓学生各科基本知识的掌握、基本思维方法的锻炼、基本操作能力的培养。

3. 崇尚科学精神，蔚为一代校风。

4. 克服薄弱环节，陶冶高尚情操，大兴人文精神。

5. 自强不息，永不满足，不断超越。

2002年4月25日

（编者注：当时以1902年成立的全闽大学堂为福州一中前身）

往事八则

陈君实口述　陈登登整理

校长听课第一人

1952 年，结束了土改工作，我以“土共”的身份（当时南下大军共产党是正规军，地下党人称“土共”）被指派来到了省城福州，担任福州一中副校长。恰逢当时的校长、党支部书记桑耘同志休产假，由我代表校领导宣布“福州一中党支部成立了！按照党的方针、政策，由党支部全面领导学校”。全校师生热烈鼓掌，表达了对党的拥护和欢迎，我心中也激情满怀，暗暗地想：“一定要把新中国的新学校办好。”

新学期开始了，学校如往常一样敲钟，老师和学生们上课、下课，而我坐在校长办公室里一整天，没有一个人进来找我。第二天，依旧是这样，我坐不住了。

据 1948 年统计，全中国受过高等学校以上教育的人口仅 18 万人。而我从小学、中学到 1948 年大学毕业，完整地接受了全套的学校教育。虽然没有人教我应该怎样当校长，但是我上过中学、大学，我了解学校、了解课堂。我就拿了个板凳去课堂，坐在后面听课，语文、数学、英语、体育课……都听。中学所有的课程我都学过了，所以才有资格参加高考啊，对中学的课程心里很清楚。刚开始我去听课，一些老师心中是很不屑的。

那时的老师大多不备课，他们自视甚高，认为备课的老师没水平，上课时就问学生，“昨天讲到哪儿啦?”然后，接着往下讲。一次，听了一节英语课，那位老师水平还是很高的，但是有一个单词解释错了，我当时不太肯定，课后特地去翻了《英汉词典》确认，为了顾全他的面子，私下里找到这位老师，向他指出这一点。从此，他认真备课，教学质量自然就上来了。

我不但进课堂听课，还参加教研组备课，包括美术、音乐、体育课也必须备课。对于音乐课的曲目，我提出，不要光唱那些“打打杀杀”的歌，也应该学一些抒情的歌曲。有一年高考前夜，我组织学生听《蓝色的多瑙河》等，让他们放松心情，参加高考。

新来的教师上课我都要听，如果觉得不称职，就得调走，如果调出一中，福州别的学校也不会要了，所以教师们备课、上课，也是认认真真、兢兢业业。参加教研组备课，进课堂听课（各科都听，包括实验课），听完与老师交换意见；另一方面，也是老师对我的监督，看看我能不能解决教学中的问题，教具、教学设施是否到位。这应该也是抓教学质量，提升学生成绩有效的方法吧。

1953 年，开始了新中国第一次统一高考。1955 年寒假，一中校园外借办展（忘了是什么展）。一天，省委全套班子来看展，顺便看了看学校，那些领导除了王于畊厅长，我一个也不认识，我搬来长板凳请各位领导坐下，因为放假，连一杯水都没有。听了我简单的汇报，王厅长说，福州一中进步很快，高考成绩每年都上升 5 分，在全省排名第一，其中有一位领导，众人的目光都追随着他，后来知道是叶飞书记，他鼓励我们要不断努力，赶上先进地区。那时的中学也没有什么特别的评判标准，而高考成为唯一的标准，虽然不是很对，但却也是公认的。万涓成水，1957—1959 年连续三年福州一中高考成绩名列前茅，即所谓的“高考红旗”，不是凭空得来的。我对高考的理解，每一堂基础课，老师认真备课、好好教，学生用心听、好好做习题，扎实掌握所学的知识，什么样的考试能难倒呢?!

复习又复习、题海轰炸（学生都麻木了）、临考前住宾馆、喊口号……实在是很愚蠢的。

校长进课堂听课，我应该算是第一人吧。

与省体委的“官司”

解放初期，省体委提出，要在一中办运动队，列入正式课程，我提出不同意见。我的意见是：第一，要办可以，但是只能课外进行，不能占用课时；第二，运动量要控制，因为当时处于困难时期，孩子们饭都吃不饱，怎么经得起大运动量?

省体委主任一纸“诉状”告到教育部，并抄送国家体委。我知道了，也写了报告分别上报教育部和体委。当年国家体委是贺龙元帅挂名，委派荣高棠总干事来闽调查。他的工作很有水平，一下来先调查，不光看了福州一中，也看了福州其他几所中学，有了比较，他发现，唯有福一中的校长参加了体育课的备课，还去操场上看老师同学们上课，运动所需各种体育器材非常齐全，单双杠、跳马、沙坑……还看到一中学生在福州市中学生运动会中获得团体总分第一名。于是，这场“官司”我“胜出”。

最好的中学实验室

我可以毫不谦虚地说，福州一中的实验室是最好的。

我知道，学校的基本形式是课堂教学，老师讲、学生听。一个星期六天，天天如此，最重要的就是抓课堂教学。如果不抓这个，抓什么呢?

课堂教学包括实验课，老师演示给学生看，更重要的是学生要自己动手做。说到这里，我想起做过的两件“傻事”。

解放初期，我们的科学落后、工业落后，化学实验课要做酸做碱，马秀发老师说没有催化剂，五氧化二钒不能制备。我知道南京有个很出名的化工厂，侯德榜是这个厂很有名的总工程师，我就异想天开，贸然写信给工厂说想买这个试剂，没想到啊，很快寄来了一瓶，还不要钱，解决了我们实验课一大难题。后来才知道侯德榜是福州人，是早年从福州一中毕业的。因此我敢说，这个实验全中国只有福州一中在做，因为没有第二个“傻瓜”会去向他要这个。

第二件“傻事”是，1952 年，土地改革后，农民生产热情高涨，肥料奇缺，那时候哪有外汇买化肥？农民纷纷进城里承包各个学校、机关单位的公共厕所，收购人的粪尿。福州一中学生有 3000 多人，基本住校，是“产肥大户”，卖大粪的钱一年 1000 多元，相当于一位一级教师的年薪。这笔钱完全由我支配，我就全部用来买活的青蛙、小鱼、小兔子，做生物实验解剖。当时，福州一中也是受到省里王于畊厅长特别关照，生物实验室需要显微镜，那时候市面上并没有教学用的显微镜，她直接批准，一下子买了 26 台进口、医用的显微镜，全班 50 名学生每 2 人合用 1 台、老师演示用 1 台。

教育厅对福一中很重视，当时每个地市有计划地安排一所中学，作为示范校，但都达不到福一中的水平。我们每个实验室都有一名管理员，有的还不止一名，除了要懂得做课前准备，课堂上还要帮助课任老师指导学生做实验。

为了实验室经费我经常与厅计财处“打官司”要钱，我申请 8 万，王厅长会直接批给我 9 万，真叫我喜出望外。化学实验台是用上好的楠木板制作、生漆涂面，时任中共福州大学党委书记的张孤梅说，福州大学都没有这么好的台子。

我们学校的实验设备不是全国一流，而是全国第一。当时教育部以及上海有关部门来人看了以后说："有这样的实验室，你们的理科水平确实是高。"

我的学生面向全福州，生源最好，我的教师是我打着厅长旗号去师大亲自挑选的。当年考进清华、北大的学生回来说，他们的实验技能比别的学校毕业生都高，我想，这跟学生在学校时有机会亲自动手做实验有关。

我自己评论：我尽力了，我不敢贪功。

社会调查

60 年代，我组织高一、二年级学生，下乡义务劳动，我亲自带了一队，学生们不光参加劳动，还访问农民，进行社会调查，了解地主、富农的发家史，他们认识了阶级和阶级斗争。回来后，三毛（叶葳葳）在家里叽叽喳喳地说了下乡的事情，她爸爸听了说，"这些我都给你们讲过的呀。"三毛立即顶了一句，"您讲得没有我们校长讲得好！"哎呀！真是叫我汗颜。若是论教语文、数学，可能是我讲得好，讲阶级斗争我哪能比书记讲得好呢?！这事引起叶飞书记关注，专门派了《福建日报》记者来调查，写了内参上报省委宣传部，后来又上报到中宣部。陆定一部长指示，《人民日报》头版头条发表了调查报告并加了社论。

这是学生亲身参加劳动、社会调查得来的亲身感受。

应该取，必须取！

1964 年，"问题学生"程代展高中毕业，他的成绩近乎满分，作文 98 分，其他科目均是 100 分。然而，因为历史问题，清华大学前来招生的同志不敢录取。我汇报给王于畊厅长，为程代展做了政治担保，她又汇报给了叶飞同志。

叶飞同志表态说，“应该（录）取，必须（录）取！”并以省委的名义致电蒋南翔（时任高教部部长、清华大学校长），程代展这才得以进入清华大学。

省委书记直接管到一位高中生的事，在当时，这也是全国唯一的吧。

我的“忏悔”

编者注：2018 年 3 月 30 日，1966 届高中学生叶翔、乔梅英来访。

一个人在被打倒的时候，是最能够思考的时候，正好可以想一想，我为什么会被打倒呢？我该不该被打倒呢？我做了什么对不起别人的事吗？……我这个时候是最清醒的时候，我没有做错什么事，我不过是一个学校的老师（登登插话：是校长哦）而已，我不过是教学生要好好读书么。那时候，福州一中学生考上高等学校的有 95% 以上吧，我教学生好好读书，读好书为祖国服务、为人民服务，这有什么错呢？难道要我培养一些笨蛋才好吗?!

我自认为，我对工作是认真的。这样想一想呢，我就会觉得，我心安理得，我不该被打倒，而打倒我的人一定会被打倒。

你用心了吗？

编者注：2018 年 8 月 14 日，林仁木老师来访。

林：当年，许 × ×在《福建日报》发表一篇文章，讲这个班的故事。时间过得很快，一晃过去几十年。

陈：其实我觉得自己并没有什么特别的地方。特别的地方，就是你真的用心在教育工作吗？如果你真的用心了，你自然而然会从各方面想办法提高学生的水平。我觉得，说起来，自己并没什么特别奥妙的地方。

林：做一个教育家不容易，不是那么简单啊。

陈：其实啊，世界上的进步都是由许多人的努力工作做成的。

林：也要他单位的领导有方，领导无方你也没办法。

陈：那领导也是人哪，你如果认真工作的话，他就会发现，这个人有特点，但是特点当中是不是也有缺点？那么，自然会想办法去解决它，事情就是这样的。我记得有人问俄罗斯的一位外科专家成功的经验。他的回答可是血淋淋的啊，叫作“越彼尸山，奋勇前进”。

林：什么？

陈：“越彼尸山”，就是说，（经过）我手术死掉的人，像山一样的。我才能总结出那么一点经验来。我的理解是这样的。我想真正是如此，不然，人类怎么进步呢？人类进步，那是多少人为人类进步牺牲掉的啊。

名垂千古的教育家风范

马秀发*口述　卫小林整理

2019 年 5 月的一个周末，在仓山区一条弯曲的窄巷里，一座很旧的没有电梯的楼房里，见到福州一中前教务主任、副校长、98 岁的马秀发老师，眼前的马老师如纤纤修竹，挺直瘦削，熨帖平整的小圆点衬衫，纽扣直扣到最上一颗，一头白发向后梳，几把大卡子别住，纹丝不乱，清癯的面庞漾着浅浅的微笑。

“听说陈校长走了，我很难过。他比我还小两岁，不该走在我前头。”话头从老校长的故去说起，“我想见他最后一面，他们担心我的身体，不让我去吊唁、去参加追思会”，说到这儿，马老师的眼眶湿了……

“我知道大家都有很多关于陈校长的回忆。我也想聊点跟陈校长大半个世纪共事共济的点滴小事，算是小小补充吧。”马老师思维清晰，谈吐从容。一桩桩往事在她娓娓地诉说中，让我们走近了陈君实老校长，他就在那里，并未离开。

以下是根据马秀发老师讲述记录、整理的文字，包括时不时冒出的福州方言，一并原味呈现。

---

* 作者系特级教师，1952 年来校。

我 1952 年跟陈校长前后脚来到福一中，那就是陈校长的“一进福一中”。

陈校长的老本行是学经济的，到了一中后，尤其是 1956 年担任校长职务后，狠抓学校的基础建设和教育质量建设，比如，为了教学更直观，培养学生动手能力，我们一中把有限的经费倾斜到实验室的建设中。陈校长还发动老师们自制图版、模型，补充资金不足。在那个年代，福一中的学生上实验课，物理仪器两人配备一组，化学仪器每人一套。生物实验课，学生们大多能得到青蛙、兔子等实体解剖操作；初三起，每个学生都发（借）给一副专业的对数计算尺……这样的配备，远远领先一般中学，这样抓教学质量，很快见成效。1953 年，福建省高考成绩排在华东地区末位。从 1957 年起，福一中连续三年高考成绩位居全国前茅，就是人们说的“高考红旗”。

1962 年，陈校长受命“二进”福一中。

那时，我感觉陈校长已经进入教育家的角色，有眼光，有魄力，尤其是很有前瞻性，比如，陈校长认为外语（尤其是英语）对将来社会非常重要，必须加强教学，他很敏锐，很实干，为了提高英语教学质量，特别是改变学生只会拼写的“棒阿（哑巴）”英语现状，陈校长先抓英语老师的口语能力提升，他到社会上寻访高水平英语专家，比如解放前海关高级职员杨荫榕，让他当老师们的老师，培训老师们的口语，充当老师的活字典，这在当时是没人敢这样做的。中考、高考，福一中的外语水平当然是呱呱叫的。

陈校长管理工作那么繁忙，还能随时给不同年级、不同科目临时代课，反响都特别好，可见他的知识积累和教学能力。他博览群书，不停止地补充知识。我们常常看到陈校长靠在图书馆书架旁，见缝插针地翻书、查资料，看到好文章，他就推荐给我们学习，他真是全校老师的“眼睛”！有一回，他告诉我说，某某新到的杂志上登载了我的化学教学总结文章，其实，连我本人都还没看到啊！

陈校长特别强调福州一中要有良好的学风、严谨的教风。记不得哪一年，已经是化学教研组组长的我，竟然被陈校长指派当上教导主任。我这个人，天生“莫粿闷（没笑脸）”，做事认真、刻板，还坚决服从命令听指挥，我就这样接受了这个吃力不讨好的差事，做“腿蛋（锤垫）”了。

那时候，陈校长一大家子先是住在南后街教育厅小洋楼宿舍，在当时蛮高档，他却偏偏住进一中校舍天桥下一个小院子，有一大间三小间，他觉得一家人不需要住这么多，提出把靠边一间大约十平方米的房子匀给其他老师住，大家谁都不敢住进去，最后，是我带着四岁的儿子住了进去。

在那段时间，我亲眼看到陈校长严于律己、严律家人的一面。陈校长给家人定下规矩：绝对不许到食堂买饭菜，哪怕再忙甚至火炉灭掉赶不及做饭都不准去，他觉得，身为一校之长，不管家里谁去买饭菜，工友肯定会挑得好些，打得多些，他不愿沾公家哪怕是一点点的便宜。

1964 年，陈校长的女儿陈登登小升初，报考福州一中，历来要参与改卷工作的陈校长主动避嫌，不参与当年招生。一天，教育厅厅长王于畊视察阅卷工作，奇怪怎么没见到陈君实，当得知缘由后，王于畊召集相关阅卷老师，专门调出陈登登试卷——她的成绩远远高于福一中录取线，王厅长把陈校长找来，他这才重新参与福州一中的生源遴选工作。

陈校长“三进”福州一中是“文化大革命”结束后，1979 年，当时陈校长已经是省科委情报研究所所长，不几年也该退休了。其实，我们都希望他再进一中，因为那几年福一中教学质量下滑，需要他回来，带着大家重新发奋振兴。

记得他正式“三进”福州一中之前，有一天专门来学校开了大半天的会，研究具体工作，因为晚上要接着开会，有老师提出，校长家远，不如让食堂煮一碗面送来。陈校长不同意，自己拿个“大牙罐（搪瓷杯）”，去贤南路“泡”了一碗“莫雷西（不咋样）”的面回来，在会议室吃了，然后坐等老师们来继续开会。在全校骨干教师大会上，陈校长前瞻性地提出，基础教育要为21世纪培养人才，他向当时的胡平省长申请到10万元，专门购买计算机。1979年，别说中学，大学都不一定有计算机。有了计算机，他请来福州大学计算机老师（福一中校友），在周末的晚上开计算机培训班，师生都可以自由报名参加。我和林碧英老师也都报了名，我还帮忙组织协调教室、场地等。师生们接触到计算机，扫了“计算机盲”，学校正式开设了计算机课。你说是不是很超前？事实证明，福州一中在陈校长“三进”以后重新焕发出光彩。

1989年，陈校长离休，他受老同学香港商人吕振万先生嘱托，满腔热情地回到老家南安水头镇，为一所普通农村学校当起教育志愿者，他不但亲自进教室听课，还邀请福建师大、福州一中老师，帮助当地提高教学质量。这所乡村学校迅速成长，逐步升级，最终成为省三级、二级达标中学。

我退休后被返聘到母校华南女子学院。周末只要有空，我都会去看望老校长，跟他聊些华南女子学院的事。那跟他真的是“莫索拉（没一粒）”关系，他很愿意听，还常常提些建设性意见。

2001年，我们国家正式加入世贸组织，学校结合政治学习，请陈校长来讲世贸组织的相关知识。他本来就是经济专家，准备得又非常充分，给大家上了一堂生动的、精彩的时事教育课。

大概是2013年，华南女子学院新校区快要建成，它位于大学城，那可是省政府无偿拨给的一块宝地，新校区比原来足足扩大了十倍！我给陈校长打电话，想请他去新校区“况咯况（转一转）”，他高兴地答应了。没几天，陈校长竟然自己约好车，专程来到华南女子学院新校区。他在校园里走啊看啊，还参观了校史展览，陈校长对我们这所非营利民办高校很是赞赏。

2016 年中秋节前，华南女子学院食品营养专业的学生做了一款中秋月饼，老师们人均一盒。教师节那天，我提着我的那份月饼送到陈校长家，请他尝尝，也“做做广告”。陈校长收下月饼，叫女儿登登把他的“小钱包”拿来，他把钱包里的票子一张不剩地倒出来，捐给华南女子学院，说是“小小的”心愿，在一旁的登登还说“我给你凑个整数吧”。钱不在多少，不在于“欧忒欧闷（有体有面）”，他给华南女子学院的是“大大的”支持啊！

这么多年，我深深感受到，无论是在城市还是农村，无论对公办（学校）还是民办（学校），无论是重点（学校）还是普通（学校），只要对我们国家的教育事业有好处，陈君实老校长都是不遗余力地尽心尽力，这就是他教育家的情怀。他对教育事业的热爱和忠诚我永远记在心中，他永远是我学习的榜样。

追忆陈君实老校长

陈肇和*

陈君实老校长是我国当代著名的教育家，他的离世是我国教育界的巨大损失。从1952年到1984年间，“三进三出”我校，他为我校教育事业的发展作出了杰出的贡献，一中人将永远怀念他。本人长期在校工作，始终得到他的教导和亲切关怀，对他的离世倍感悲痛。

陈老校长1952年进校，主持教学工作。他带领全校教师学习国内外先进的教学理论和教学方法，要求教师们认真备课，熟悉教材和教学大纲，开展教学活动，从而大大提高了教学水平。通过采用一整套高标准、严要求的治学举措，经五年心血浇灌，取得显著效果，创造出我校1957年到1959年连续三年全国“高考红旗”（高考平均分名列全国第一）的神话，福州一中誉满全国。教育部经过调研，充分肯定了福州一中的办学经验，1960年和1961年引来了全国众多名校到我校“取经”，全国各地提出了“学福州一中，赶福州一中”的口号。对此，陈老校长清醒地认为，他今后的目标不是如何保“红旗”，他要的是“高质量”。他常提起世界名校英国的伊顿公学，很明显，他追求的目标是把福州一中办成一所闻名于世界的社会主义名校。1962年，他“二进”一中后重整了教师队伍，以更严格的要求和更

* 作者系特级教师，1958年来校。

高的标准，求真务实的科学态度去教书育人。坚持以教学为中心，狠抓“基础”，采取了一套“从低年级抓起”“狠抓基础学科”的举措，要求把“双基”的根扎深、扎牢。抓“基础”成为一中的优良传统和特色。20世纪五六十年代毕业的许多校友至今还异口同声地说，母校给他们的最大实惠就是给他们打下了进行学习深造和从事工作的坚实基础，让他们受用一生。可以说，这是陈老校长治校的一大功绩。

1979年，陈老校长“三进”一中，我回想起这段时间的两件事。其一是：1980年我省17所重点中学（包括我校）要首先实行学制“转轨”（即将“文化大革命”期间实行的初中两年制、高中两年制恢复到“文化大革命”前初中、高中各学三年），这就给当时80届高中毕业的学生有了一种选择，就是应届生如果当年没有被高校录取，可以留校升入改制后的高三年级继续学习。对此，陈老校长采取了开放态度，他认为，由于“文化大革命”时期，青少年的知识基础普遍低下，当务之急是弥补他们的“双基”，而不是拼“升学率”。他跟我说，这届毕业生中有能力的就让他们自己“战斗过关”升学去，其他学习基础差的不必靠强化训练去“拔苗助长”，留下他们再学一年，打好基础再上；对学生们的学习要以“导”为主，不要靠施压；古人有云“师傅领进门，修行在个人”，不要“一刀切”。那一年，我们没有为高考做什么“应试”的举措，一切按常规进行。在社会上普遍盛行的“升学潮”、大搞分数评比的时代，陈老校长敢于反潮流，挺身顶压力，宁要真才不务虚名，实显其教育家与众不同的思维品质。当年我校高考升学率略低于师大附中，留下了相当一批“落榜生”，引起了某些非议和一些教师的疑虑，但这批“落榜生”经过“回炉”，来年高考大部分都取得了骄人成绩，成为众多知名高校的“抢手货”。陈老校长的妙招让不少学子得到了实惠。再一件事是：1981年，我校新招了高一四个班（绝大多数是来自本校三年制的初中生），这些学生基础好，当时我省除了17所重点高中实行三年制外，其余学校仍然是两年制，显然这17所高中在“升学”竞争上是处于绝对优势，但分数评比和高考“夺冠”的压力依然不减，对此，陈老校长并不在意，而引起他注意的是，经过他多方考察得到的信息已清楚地表明：我国基础教育已远落后于世界先进水平，现行教材陈旧落后，不能适应现代化的需求，当务之急应是追赶世界先进的教育步伐。他以为，首先应从改革教材入手，提升教材的基准。我校作为我省一所优质中学，是教育的试验田，理应在教材改革上先行先试。于是在全校教师大会上断然宣布：1981年进入我校的高一新生到1984年高中毕业时数学（不包括高二时分出的文科生）、外语两科应当提升到当时国内大学理工科一年级的水准，这在当时是惊人之举。校内外同行对此均有不少杂音，认为此举“吃力不讨好”。对于陈老校长的这个决策，我是拥护的，于是立马行动，拟出了三年教学计划，着手编写教材。严格按教育部规定的课时，增加了微积分、行列式、矩阵、概率初步等内容，共约100课时。和我共同执教的是吕则周老师。我们的这项教材改革试验得到了学生们热烈的支持，他们明知这些新增内容与高考要求无关，但仍然学得很有兴趣。对于这届高三毕业生，我们只留下两个月的时间复习备考，但还是得到很好的成绩。数学高考平均分居全省之冠，全省数学成绩前16名（100分以上）中，我校占了4席，其中1名以全省最高分（113分）夺冠。此事经过了30年，2014年春节，我探望陈老校长时，他高兴地告诉我，当年教给学生“微积分”，高考数学没有算分，但有人告诉他，发现一中学生在物理高考中用微积分知识去答题，得了分。这的确是一次“高投入”“高风险”而取得成功的试验。全国范围的教材改革很慎重，直到2007年，微积分、矩阵、概率等内容才列为全国高考内容。这件事再一次印证了，陈老校长是一位具有远见卓识，勇于创新，又敢于承担风险的教育家。

陈老校长是我国现代教育家，被编入《中国现代教育家传》。他为福州一中教育事业的发展作出的业绩载入我校1997年编撰的校志中，这是陈老校长留给我们的一笔宝贵财富，期望一中人能把它传承下去，并继续不懈努力，再登高峰，让福州一中这所百年名校长盛不衰。要传承，就要大力宣扬陈老校长卓越的教育理念和他的治学经验，特别是要让现在的师生们对此有所了解。此事还望校领导给予关注。

绝不是驯顺的教育听差

——陈君实基础教育观浅思三则

陈日亮*

研究陈君实的教育实践，无疑对福州一中今后的教育改革与发展具有重要意义，因为只有认识清楚了中华人民共和国成立初期及改革开放初始福州一中教育实践的“基础”，才能实现他所说的“在这基础上的超越与创新”。但是应该看到，这远不只是对于一所学校，而是对整个福建省的基础教育来说，总结陈君实丰富的实践经验，同样也是意义深远。福建是曾经以基础教育闻名于世的，基础教育在福建有着深厚的历史积淀。只要不是割断历史，只要没有忘记站在昨天的实践基础上去面对今天、瞩目未来，就不能不重视对福州一中、对陈君实的教育实践进行认真总结。

对实践的研讨，不能仅止于实践，而应该是始于“实践”，终于“思想”。陈君实教育实践中所包含的经验内核，所蕴藏的办学思想、教育理念，甚至是教育哲学的某些深刻内涵，更值得我们去发现研讨、总结升华。有一种看法，认为我国五六十年代的教育，没有创造性可言，因而也没有思想理论可言。这个看法，在陈君实校长身上是绝对得不到验证的。即便是在教育只被看成是一种政治路线的时代，在奉教育行政上司言如律令的那些日子里，陈君实也绝不是一个只会

---

* 作者系特级教师，1960 年来校。

上传下达的驯服的教育听差。他的脑子里，始终留有自己的思考空间，而不是全被教育政策文件所塞满。他虽然出生在一个信仰基督教的家庭里，却似乎有着一种对于神圣教条的本能的质疑与叛逆的性格。他天生是一个思辨者，一个理论家。所以，只要有条件（包括拥有某种权力）他便要在实践中行使他的思辨权利，挥动他理想的长矛着手改革。其教育实践的最大特点，便是显示超人的思辨锋芒和改革的勇气。尽管在那个时代，“改革”并不是一个时髦的字眼，但他却凭着他的坚硬（我不说是“坚强”）的性格和理念，在实际上而不是在口头上，利用福州一中这个特殊的实验田实现他的改革梦想。

正如王于畊所评价的那样，他是一个高举改革旗帜的校长。当然这个改革旗帜之所以能够高举，则有它得天独厚的权力背景和行政运行，但也绝不是说，在同样的行政支持下，任何一个校长都能举起这样的改革旗帜的。陈君实之所以经常在谈话中深情缅怀王于畊，正是他经常能够在老厅长的出口如律令的话语中，听到了认同和鼓励。这首先是一种思想的契合，而不是情分上的特殊。但是，最重要的是我们必须看到，陈君实在福州一中的改革，绝不是一种冲动和盲动，而是有其思想或理想的支撑，甚至不妨说，还有他本人的天赋个性、家庭教育、人文修养等种种因素熔铸于其中。

陈君实的文章中两次提到“智育……我们与资产阶级不同的仅在于政治和社会导向”，“先贤对基础教育方针的认识大体趋于一致……所不同者，仅在于政治和社会导向”。请注意两个“仅在于”。这个认识是非常重要的，是对教育方针政策的根本性看法，并且直接影响了学校的办学指导措施。为什么是“仅在于”？在当时的时代环境和政治背景之下，肯定还有“不仅仅在于”的认识，甚至还是权威的观点，占统治地位的思想理论，同样也在直接影响作用于学校教育教学工作的每一环节。还有，就是在改革开放的前 20 年，有一种常见的提法，叫作“寓政治思想教育于学科教学”“寓德于教”“各科教学渗透着思想教育”“挖掘学科中的德育因素”等，我认为都和60年代实际上早已存在的“不仅仅在于”的观念有一脉相承的关系，因此，把这一对立的观点研究透彻，是总结陈君实教育理念中极为重要的“思想内核”。

陈君实的教育思想之所以是动态的，是由于他非常关注教育与生产力、教育与经济和社会的紧密联系，而不仅仅是与政治的从属关系。这一点论述起来不难，而正基于此，他又非常重视教育的基础性，在当时的时代条件下，把教育（中小学）拔高到上层建筑的范畴内，让意识形态在其上端云蒸雾绕，是很时髦很自然的事。但陈君实始终不忘中小学教育的基础性质，这个“基础”从本质上说是并不带有政治属性的。联系到这几年对语文教学的大讨论，有的论者把语文定位为“人文学科”，有的学者认为中小学教师是由于叶圣陶语文“工具性”的贻害，才把语文训练成了纯粹的表达技能。似乎不无道理，但似乎又甚无道理。这里，仍然有一个如何正确理解教育基础性的问题。要求每一砖一石都闪耀光彩，不如要求每一砖一石都结实坚韧。因为它们是基础工程的成员，而不是楼顶门面的风景线。

作为一个全面主管学校教育工作的校长，依靠理论与实践结合的真正马克思主义思想路线和工作作风，坚持从实际出发，坚持独立思考，只要认定是正确的，不避特立独行，我行我素，这是一个教育工作者能否发展为教育家的根本所在。我认为在总结陈君实的教育思想过程中，要突出他“思考的独立性”，这一点对于今后的办学，尤其是对于21世纪的校长来说，是具有十分重要的指导意义的。

“中学是基础教育的完成阶段，是具有决定意义的阶段。”这是陈君实思考全部教育问题的出发点。其办学的前瞻性、理论勇气和实践精神，正是缘于他对“基础教育”有着非常客观的又十分成熟的理解，并且在指导教育教学实践时，非常重视调查研究。由于他始终关注着“基础”与“发展”、“今天”与“未来”之间的紧密联系，所以他的观点常让人觉得脱俗和超前。像在当年恢复高考不久，许多人都希望他领导福州一中再竖“红旗”的时候，他却向人们提出20年后的“21世纪目标”问题，因此被一些人认为“太理想主义”，是乌托邦。他离休后曾到南安的南星中学当顾问，传说也是大抓“基础”，而不急于事功，与当时追求升学率的社会环境格格不入，颇不被人所理解，反被戏称是“堂吉诃德之矛”。现在看来，这些肤浅的讥评委实十分可笑。我感觉他看问题总是善于透过现象（甚至是一下子就撇开现象）去抓住本质，总是从事情的最根本处考虑如何做起。

这里举一个小例子。1980—1981年，我带一个备课组（和刘一承、张秋共三人）开始在初中准备一轮语文教改实验，当时的阅读教学改革方案考虑得比较成熟，而作文教学则没有形成明确的思路。一次到校长室找陈校长汇报工作，谈到作文教学，他拿过一个茶杯，说，“把这个茶杯写得像个茶杯，就是成绩。不要去追求什么意义，不要去追求美，连杯子都写得不像杯子，还有什么意义和美可言?”陈校长的一席话在当时来说真有点惊世骇俗。后来，我在学习叶圣陶语文教育思想时，读到叶老主张要让学生学习“木炭画习作”，作文要练习“在乎像”“不走样”，再联想到陈校长对作文教学的意见，便豁然开朗了。后来，我们三年的作文教改就制定了“写真实—写具体—写新颖”的“三步走”计划，目标集中，训练扎实，效果明显。此外，陈校长主张学语文要首先考虑如何培养学生浓厚的学习兴趣，掌握科学的学习方法和养成良好的学习习惯。这也就成了当年我们备课组制定教改的“兴趣—方法—习惯”的总体设计依据。他又一向强调语文要教会学生自学，课外要广泛阅读，要多读多背。当年，我们教的初一学生课外阅读兴趣特别浓厚，还做了大量的读书笔记（《读书小札》），每两周都开一门课叫“语文之窗”，上课的学生快乐极了。有某科教师去反映，说语文课占用了学生许多课外时间。陈校长了解之后告诉他们：这是“好得很”，不是“糟得很”，是语文组在打翻身仗。话传到我们备课组，大家深深感动了。可以说，初中三年语文初步的教改实验，后来能获得全国中小幼教学改革“金钥匙”奖，是同陈君实校长的指导、支持和鼓励分不开的。他敏捷的思维，他经常不经思索、脱口而出的话语，正是他长期一以贯之的深思熟虑的结果。有时会令人一下子摸不着头脑，正是我们思所不及、智有未逮的缘故。

现在我们讲创新精神，讲实践能力，好像很时新，其实在福州一中50年的教育实践中早就深蕴着这一认识和经验的内核。60年代为全体师生所熟悉的“十六字诀”：“举一反三、融会贯通、熟练掌握、灵活运用”，正是“创新”的基础，“实践”的力源。到了80年代初全校搞教改时，我们提出更新“基础教学观”，变“双基”为“三基”，增加了“基本的科学思维方法”，强调教与学都要重过程，这同60年代大家所经常说的“知识发生过程”“前因后果和来龙去脉”，本是同根共源，正是福州一中优良教学传统的承继与发展。读一读陈君实在《改造·创新·攀登》一文中的有关论述，我们会对这些完全属于自己的经验分外亲切，也会倍加珍惜。

其实，陈君实的教育基础观，所涵盖的内容是十分宽广的。不必说领导与组织学生参加社会实践，体验“实践出真知”的一系列做法，在60年代可真算是“开风气之先”的创举，就是他深入各科教学第一线，经常和教师一起备课这一点，就值得称道。基础，必须夯实在教师工作的初始环节——备课之中。精心备好每一节课，吃透教材和学生这两头，乃是基础之基础。我刚被分配到福州一中的头几年，亲历过语文教研组备课活动，领教过“板凳要坐三年冷”的滋味：那时一坐就是至少两个钟头，主备教师经常是一句一句甚至一字一字地“备”下来。老组长魏兆圻，老教师郑桂瑜、陈淇，他们那种精思深研“力透纸背”的备课镜头，每每使我照见了自己的浮躁与浅薄。还有理科几位名教师的教案不断增容、更新，课本的页边贴上许多纸片，写上密密麻麻的内容；连体育教师的教案也是一人一厚本。我自己至今仍保存着六七十年代一部分完整教案，字迹端正，书写工整。所有这些都是“基础”工夫不敢稍怠的明证呵！哪怕是在荒寒的岁月，一动脑，一下笔，认真不苟的习惯，总是得之于心而应之于手。我们严谨的教风，正是从这样的青萍之末开始的。学习研究陈君实的教育基础观，强化教学的基础意识，严格对基础质量的教学管理，实在已到了刻不容缓的地步，否则，我们的“质”就免不了要滑坡。这绝不是危言耸听。

改变我人生的那个人

陈巽懿*

非常抱歉不能参加老校长的追思会。

我想请你（编者注：指陈登登，陈校长的女儿）代我向令尊遗像深深地鞠一躬，告诉他老人家，他是我最敬重、最爱戴的人，是他改变了我的人生。

得知当年他的遭遇，我曾暗下决心，一定要为他争气、争光，绝不辜负他的赏识和栽培，要做一个像他那样坚强不屈的人。

我相信他的在天之灵一定会高兴地看到我还在学习、上进，在教育岗位上发挥余热。

陈老校长，您永远活在我的心中。

---

* 作者系特级教师，1961 年来校。

追忆陈君实老校长

林仁木*

陈医师①：

惊悉陈校长谢世，难过异常，夜不能寐。但聊可自慰的是陈校长已高寿，且能安详离去。

去年，我们一家 12 人从香港去武夷山旅游，本来，香港有直飞彼地的班机，但我特地选择取道福州，为的就是能再访我工作过的福一中，看望德高望重的老校长。

陈校长对我的培养关怀备至，很多事情我原先是不知道的，在背后，他为我做了很多工作。

1966 年，陈校长在一次行政会议上对教务处副主任说："介绍一个福州人给他（林仁木）成家。"不久，有一天在教研组办公室，郑桂瑜对我说，想不想成家啦？我们可以在福州为你物色一个对象。当时，我以为只是随便聊聊，根本不知道是陈校长给他的"任务"。我当年根本不想急于谈恋爱。陈校长要我们新教师当三年学徒，我就想好好教书。后来当年我因故申请调回龙岩，1967 年才结婚，那年我

---

* 作者 1962 年进校任教，1966 年调离。

① 指陈登登。

已28岁。

2010年，我回福一中参加65届同学毕业45周年聚会，外语组组长及朱鼎丰校长对我说，在我调离一中后，陈校长经常提到我，我当时不好意思问陈校长在什么场合，经常提到我什么？

后来我看到陈校长在《荆棘之路》中竟然用差不多半页的篇幅写到我（见该书19页）。

几年前，我收到陈校长寄来的一张《福建日报》复印件，内容是记者采访陈校长，问到为什么福一中的教学质量能够稳居福建榜首？陈校长答：主要靠一支业务好，又尽心敬业的教师队伍。在举例时校长理应举出许多特级教师或老资格的教师，但出乎意料的是，这次只举了教龄不足四年，离开福一中已四十多年的我为例，老校长对我真是厚爱有加。

在他升任教育厅副厅长后，有一年他来龙岩主持召开全省重点中学校长会议，我去拜访他，他见到我说的第一句话就是："如果不是文化大革命，你不要想调离福一中。"我也不无遗憾地对校长说："如果不是'文化大革命'，我也不会想请调离开福一中。"陈校长对我的厚爱我永生难忘！

陈校长是省内外著名的教育家，追悼会开得如此隆重，花圈如此之多，可见众人对他的敬仰。昨天，在福州一中为他举办的追思会又如此成功，令我思绪悠悠，感念万分，故不揣冒昧致信于你，以寄托我的哀思。

祝

一切安好！

林仁木

2019年1月14日

以师为本

——丘熙洽谈陈君实治学理念

卫小林*整理

我曾有幸成为“福州一中历史上最好的教师队伍”（陈君实语）中的一员，见证了由陈君实发起的、如火如荼的教学改革实践，我为此而深感自豪。

有关陈君实治学理念、办校智慧、管理能力等方面的高文大册已经很多，我只想从亲身经历的几件事，说说他是如何“以教师为根本”的。

我被调入福州一中，真的很意外

1962 年，我从福建师大中文系毕业，在福州三中实习。按照毕业成绩和实习表现，我大概可以留在福州三中任教了，那可是非常不错的分配。

意外的是，我竟然被陈君实“要”到了福州一中！

就是在 1962 年，陈君实“二进”福州一中任校长，他说，校长的首要任务是坚决贯彻党的教育方针，而这一目标的落实，需要通过教师来共同完成，“要培养一支老中青合理搭配的优秀教师队伍”，陈

---

* 作者 1962 年来校，1971 年调泉州。

校长说，“这是校长的基本任务”。

那年，陈校长6月份才到岗，立刻四处奔走选老师——不是坐在办公室等，而是到福建省最好的师资培育高校福建师范学院（现福建师范大学）去，除了调阅毕业生档案，看成绩，查表现，还跟踪到学生的实习单位深入考察，了解情况。入他“法眼”的，怎么着也得想办法调来。他选的人不一定样样拔尖，但一定是底子好、有潜质，真有点“九方皋相马”的味道。我曾因家庭成分很自卑，担心影响事业发展。但陈校长了解到我的政治表现和学习成绩，尤其是考察了我在福州三中实习时的课堂教学效果，立即拍板选了我。

从1962年开始的四年间，陈校长这么精挑细选地调进大学本科毕业生40多人，给一中的发展改革注入了新鲜血液，这些人中不少来自本省高校。按照陈校长的说法，北京、上海等全国知名高校毕业生“含金量”的确高，但分派到福建来的，可能就是别人挑剩下的，不如到本省高校，自己去摸底选拔最好的。事实证明，他选入的年轻教师后来大都成长出色，不乏建树。

“冷板凳”和“热面条”

作为刚从大学校园走出的年轻教师，陈校长对我们的第一个严苛要求就是得习惯坐“冷板凳”。

这个冷板凳不是“受冷落”“不被使用”，而是要求为人师者，甘坐“冷板凳”，坚守清贫之业；甘坐“冷板凳”，专注进德修业；坐穿“冷板凳”，踏实教书育人。

为了三尺讲台上的45分钟，我们坐“冷板凳”，认真撰写教案。除了个人备课，他还要求大家在教研室集体备课，这个规矩一直不变。为保证专注于教学，青年教师每周只有一天晚饭后准许外出一小时。长时间坐“冷板凳”静心备课，教案自然写得详细。备课不光是备教材，还得“备学生”，分析学生的兴趣点，研究不同学生的特点和特长，以便“因人施教”，取得更好效果。这样的备课也推动着年轻教师不断深造，提高素养。这么多年来，我对这张“冷板凳”始终心存敬畏。当时，我为一堂课撰写的教案几倍于课时要求，有时多达30多页，从旧课程复习、新内容导入，到营造兴奋点、笑点，层层推进，就像电影分镜头一样仔细设计。在课堂上，我可以完全脱稿，自如发挥，因为成竹已然在胸。我的课基本是30分钟讲授新课，还有15分钟跟学生互动交流，做到精讲多练。陈校长偶尔会不声不响地出现在教室后排听课，除了紧张，我还有点儿得意，因为自信备课很充分。

强制坐“冷板凳”这个规矩可见陈校长治校之严苛。加上他挺拔轩昂、不苟言笑的形象，总给人孤傲不群之感。可是那一次，我感受到了“冷峻”背后的“热”。那天，教研组召开民主生活会，这是陈校长政治思想工作的一个切入点。会上，我受到许多同事的批评，自恃清高的我觉得很委屈，回到宿舍大哭一场。没想到，吃饭的时候，食堂师傅送来一碗热面条，原来是陈校长嘱咐的，他本人并没有当面指责我，或是安慰我，这碗热面条却令我在无言之中感受到谆谆如父、殷殷似友的关爱和期望。

“一切以教师为根本”

陈校长建立、完善了一整套严格的教学秩序。概括地说，学校工作紧密围绕教学，所有部门服务于教学。教学的载体是教师，所以，一切必须以教师为根本。

陈校长坚持“狠抓初中不放松”，特别重视初中一年级。他的理念是“让学生们一进入福州一中就在得法的指导下养成良好的学习方法和习惯”，其根本在于选派责任心强、教学能力强的老师任课初中一年级。我在入校第二年就被安排到初中一年级。除了担任两个班的语文科老师，每周五天上二三十节课（包括毛笔字课），还担任一个班的班主任。因为任务太重，我曾经向陈校长抱怨说，挣着50多块钱的工资，工作负担这么重。陈校长答，多给不胜任的老师一个班、一节课，就是多“误人子弟”。一切以教师为根本，但不能以资历论短长。四年间，陈校长招进40多个年轻教师，可也送走了不少人，他们中有的是为了支援其他高等院校，有不少则是经受不了“冷板凳”，或是不胜任教学工作而调离的。这样的动态管理，保证了福州一中师资质量的上乘，是真正的以教师为根本。

60年代初，一家人住一间房是常态，单位宿舍也是多人挤一间，睡上下铺。国家“三年困难”时期刚过，学校经费十分紧张：要盖教学大楼，要建实验室……要做的事情太多，可陈校长还是坚持为青年教师提供单人约7平方米的“斗室”，或是宽敞些的两人宿舍，还是那句话，一切以教师为根本，要为老师们提供尽可能温馨、宁静的生活、学习、备课空间。全方位以教师为根本的服务保障下，福州一中的教师们专注于学业提升，专注于改革创新。

陈君实倾尽心力为福州一中革故鼎新，其根本是依靠老师，成就老师。

福州一中名不虚立，历史将永远铭记陈君实。

教谕长存

——在陈君实校长追思座谈会上的发言

游天容*

今天在这里追思卓越的教育探索者、教育家陈君实老校长，我是怀着诚惶诚恐的心情来发言的。因为陈校长一生的教育探索实践，既是一项业绩，又是一种精神；既是目标的追求，又是人格的彰显。他深深地影响与改变着当年“一中人”的事业观、人生观，深深地影响与改变着许多学生的前程、命运，并且铸造了福州一中教师特有的“安于清贫、愿坐冷板凳”的职业精神。我有幸在陈校长“二进一中”后来到这里任教，对这位教坛巨擘、一身傲骨的校长，始终怀着敬畏之心、敬佩之情。

我是1963年夏从福建师院（现师大）地理系毕业分配来校的。第一学年从教本科，少有机会接触校长。直到这学年年末，大约在1964年四五月份，我被指派协助当时高三毕业班一位班主任抄写学生毕业评语，才第一次走近校长，感受他的教育情怀。在教育工作中，我得到老校长的悉心指导与关怀。

在我的感受中，陈校长对学生工作的指导归结起来大致就是一句话：“绝不要伤害学生。”他始终秉持这一人文教育理念，竭力排除对学生的政治偏见、社会歧视。与此同时，他又十分注重对学生思维能

---

* 作者系高级教师，1963年来校。

力的培养。他认为，学生综合分析能力的发展重于对现成结论的接受，为此，他身体力行，推动社会实践这一教育形式，他主张引导学生到社会生活、生产活动中去，让他们去发现、去发问、去采访、去综合判断，“让学生自己得出结论”（陈校长语）。这样，陈校长就把思想教育从单一的知识灌输转换到广阔的社会领域，从单调的演绎推理转向生动的现实，扩大了学生的视野，提升了学生眼界，并且涉及形式逻辑常识，为学生整体素质的提高打下了良好的基础。所以，我从来就不认为陈校长只是专注于教学业务而忽视学生教育工作的校长。相反，他眼界高远、高屋建瓴，不畏艰险，宁走“钢丝”，他同样是福州一中学生正确进行思想教育的探索者、集大成者。

后面我就三个方面再作追思，以告慰校长英灵。

一　高考红旗

“高考红旗”当然不是指高考成绩年年第一，它所标识的核心内容是：高质量普通中学必备的“硬件”与“软件”。在这样的“构件系统”里，校长“绝不是驯服的教育听差”（陈日亮语）；教师又颇具士的弘阔坚毅，以桃李成林为己任；而学生则“敏而好学”，乐于学习，乐于进取。这套系统是按教育客观规律精心培育起来的，是冷板凳坐出来的，它同时又是个深化、升级的过程。当年，由于时任省教育厅厅长王于畊等主要领导富有远见的教育见解，在中国共产党的教育方针提出、公布之后，选择福州一中作为教育“实验田”，遴选陈君实为校长，进行了卓有成效的实践探索。陈君实的“一中团队”拒绝浮躁，不寻“捷径”，知行合一，终于创下高考连续三年全国第一的奇迹，奠定了福州一中在中等普通教育中示范性的崇高地位。

自“高考红旗”产生之后，它所标识的“系统合理性”就表现出强大的生命力。无论在任何时期都不会减灭它的魅力。大凡坚持实事求是办学精神的学校，都不会抛弃这套“系统”，都会从中得到借鉴。我赞成并欣赏汪征鲁校友一段精彩的概括：“高考红旗，在那个年代就代表着进步的方向，就是回归教育，尊重文明。就代表着秩序、责任。我们要旗帜鲜明地肯定。这是陈校长基础教育历史性的贡献。”

我看教育之失根本不在于“高考制度”。而“高考红旗”亦非宣传漫画。它是由极富前瞻性的主管领导，极富批判精神又埋头实干的校长，极富学养、极有追求的教职员工，和极富理想热情、智慧活力的一中学子共同完成的“作品”。面对这件优美“作品”，我们仰之弥高、钻之弥坚。

二　民生情怀

陈校长在1980年访问德国归来后，曾在教师大会上专门介绍德国中等技术教育、分流教育情况，认为他们做得很成功，造福青年，造福社会，值得学习、借鉴。当时我们都怀着好奇的心理希望听听外国同行有什么新鲜“招数”，却不料听了这些“不相干”的内容，心中甚是疑惑。其实这是我们教育眼界太过狭隘的缘故。当时，普通中学兼领双重任务：一为高一级学校输送合格的新生；一为社会培养有文化的劳动者。前者关乎科教兴国战略，后者事涉民生福祉。在福州一中这样超高升学率的学校里，陈校长仍牢记民生责任，不忘教育本真，其教育眼光大大超越我们这些“教书匠”。所以，他在离休之后毅然回乡接办南星中学，重现职业技术教育的雄风，就一点也不奇怪了。

2013年底，陈校长已年逾米寿仍常怀教育的民生之责。那一年，他看到一份关于农民工在城里生存、求职困难的调查报告，这又激起他教育家的仁心。他觉得需要做点什么，发出“声音”来。老校长约我上他家，反复又提起在德国教育考察时的见闻，认为现在应该呼吁社会对教育做合理布局，给农民工以技术培训机会，让他们拥有一门手艺、一项技能，这样，他们在城里就有了谋生手段，会多少改善一点社会地位，对他们的后代也会有所帮助。他摊开准备好的几份资料和他自己写下的初稿，嘱我一定要综合成一篇文章，并想办法发表出去。有感于老校长老骥之志，体验了一回“寂寞中呐喊”的况味，我勉力而为草成一文，陈校长审阅后以“农民工的春天何时到来”为题，发表在《福建教育》2014 年第 13 期上。

陈校长简直就是为教育而生，为教育而活，一息尚存，挂念不已。我以为凡能够称得上教育家的，一定怀有博爱苍生、为教济世的高尚精神。陈校长的教育家精神贯穿于他教育生涯的始终。他的教育家品质有时会让一些同事不适应、不舒服，他不得不以自己的孤傲维护着心中的高贵与职守的担当。

三　校长·厅长

在 2002 年出版的《荆棘之路》中，我写下了这一段话：“人们常说，陈君实的成就是因为有了王于畊这位特殊人物的支持，这话不错。王于畊厅长是一位为了福建人民子孙后代的智力开发而有效运用手中权力的党和国家好干部，福建教育史上将永远铭刻着她的名字。我们毋宁说在长期为了教育事业无私奋斗中，王、陈教育理念的磨合相通而达到互相默契。”① 现在读起来，这话说得有点“妄”，但这一观感应该基本不错。

2010 年秋，在一次和校长的闲聊中，他说道：“我比别的校长有

① 朱鼎丰主编：《荆棘之路：陈君实教育实践文集》，福建教育出版社 2002 年版，第 92 页。

那么点好的条件，能多做一些事，干脆点说是我的幸运，就是我遇到王于畊厅长，是她给了我比较自由的空间……她当然是体制中人，但她懂得办教育的规律，难能可贵，她给了我办学自由的一点空间。别的校长只要有了这点空间，也是可以做出成就来。”这里除了表现陈校长谦逊的精神之外，我理解那一点“办学自由的空间”，就是“校长治校”（教育家治校）的管理模式。在党的领导下，把学校交给校长，把教学交给老师，不搞“以吏为师”、不当教师的“教师爷”，让教育之花自由绽放，或许这就是老校长理想的教育世界，就是他敬重王厅长的原由。

在我国古代文献中，关于教育有许多非常独到而深刻的论述。《礼记·学记》中写道：“故君子之教喻也，道而弗牵，强而弗抑，开而弗达。”意即君子教导他人的准则是以引导而不强迫别人服从；对学生严格又不抑制其个性发展；启发学生而不将结论道破无余。只有这样，学生才能“和”（亲和心理）、才能“易”（自由发展）、才能“思”（独立思考）。陈校长深得传统文化之精粹，无论在教学还是在思想教育领域都坚持“和易思”的方向，让福一中师生受益无穷。当年以我浅薄的根基，能够承担60年代两届高三毕业班［1965届高三（1）、1966届高三（4）］工作，得益于这两班学生的克己、自律、理性、进取，特别是两班的干部团队，他们有眼光、有襟怀、有能力、尊师长，助我或代我处理了许多棘手的问题。这是我在一中独特的体验，也是陈老校长留下的宝贵“遗产”，我将终生珍惜与守护。

幸福的回忆

王　永*

我是一中60届高中毕业的校友。在前来参加陈校长追思会的路上，我一直在回忆母校给予我的良好教育。在我的脑海里，最先浮现出的是一中的大礼堂，礼堂里坐满了全校师生，陈校长亲自在作时事报告。我喜欢听他对天下大事的评说。我记得，在大礼堂的外墙上绘着一幅中国大地图和一幅世界大地图，还写着一幅醒目的红色标语——心怀祖国，放眼世界。陈校长的时事报告，是他践行对学生爱国主义和国际主义教育的一部分，是他帮助学生树立正确的世界观、人生观和方法论的一部分。20世纪50年代一中办学有大成就与陈校长办学有大格局是分不开的。

一中那个大礼堂，承载着我很多美好的记忆：在这个礼堂里，举办过全校的文艺汇演和故事比赛，也举办过纪念太平天国的历史晚会；在这个大礼堂里，聆听过李政齐老师讲述的革命故事“绿锁链”，也聆听过学哥学姐们介绍学习经验的现身说法。我念初一的时候，学校还常举办周末晚会，有师生的同台演出。我们的课余生活丰富多彩，还有很多自己可以自由支配的时间，来发展个人的兴趣爱好。

---

* 作者系特级教师，1964年来校。

在我看来，当年的一中抓的是学生的全面发展，搞的是素质教育。从1957年至1959年，一中连续三年荣获全国高考红旗，虽然令人意外，却也是实至名归。一中真是名师荟萃啊。我初中的班主任徐则忠老师，他可不一般，曾担任过福州七中和九中的校长，调来一中教历史，深受学生欢迎；我高中的语文老师陈淇被称为是一部“活字典”，他讲课声情并茂，经常陶醉在自己的讲解之中；数学老师林碧英，善于一题多解，妙趣无穷；物理老师陈守仁不善言表，却乐于跟学生辩论，争得面红耳赤；化学老师陈明枝，诙谐幽默，言简意赅。人生能够与这样出类拔萃的老师们相遇，是多么难得和幸福的经历。陈校长说过，一流的师资队伍，才能成全一流的学校。要把一中办成像伊顿公学那样的世界名校，是陈校长的理想和追求，也是他作为一代教育家的胸襟和使命。

1964年，我从福建师范学院数学系毕业，非常荣幸又回到母校任教。后来才知道，我原先是被分配到师院附中的，是陈校长以我是一中校友为由，把我“要”回了母校。当时，母校那座大礼堂已经不见了，拔地而起、取而代之的是一座崭新的现代化的教学大楼，其中拥有一流的理、化、生实验室。

1966年开春，陈校长决定在高一搞数学教改试点，学习郭兴福教学法，推行单元教学，培养学生独立学习的能力。这项教改有两个环节对我这个教学新手极具挑战。一是，单元教学的起始课必须讲清楚新单元学习内容的基本语言（新的符号和术语）、基本思路和基本结构，才能放手让学生自学；二是，要针对学生自学中发现和存在的问题进行教学，这个环节我最担心的是挡不住学生的即席提问，被学生问倒，因此，我更加努力，潜心向陈肇和与王益启两位老教师学习，认真、深入地备课，把挑战变成自己成长的机遇，特别是两位老教师的言传身教，让我学到如何钻研教材的真本领。可惜这项教改后来被打断了，但它培养学生独立学习能力的目标却给我打上了深深的烙印，成了我终生的教学追求。

20世纪80年代，中国教育事业复苏，陈校长再次回一中成为"当家人"。一次，陈校长在全校教工大会上报告他到德国访问考察时的见闻，他说，德国同行高度评价苏联教育家对教育理论所做的贡献，苏联学校的图书馆比原子弹、氢弹还厉害。一中怎样重振雄风，再创辉煌？透过三件事，可以看到陈校长靠教育科研兴校、抓师资队伍建设的决心和魄力：一是，由教育科学出版社刚翻译出版的苏霍姆林斯基的著作——《给教师的一百条建议》，一中教师人手一册；二是，派出一支老中青结合的庞大的教育考察团，远赴在广州的华南师大附中学习、取经；三是，送走80届高中毕业生后，学校把一些高中的教学骨干安排到初一年段任教。我到了初一年段，也更加自觉、自信地投身到探索初中数学教学规律的教学改革的实践中。这一届学生从初一带到高一后，我就被调到省教研室担任数学教研员了。

没有想到，在我离开一中两年后的一天，陈日亮副校长兴冲冲地告诉我，"你知道这届学生在毕业座谈会上怎么说你吗？他们说，王永老师教数学，除了数学，还有别的追求"。这个点赞令我十分欣慰，我所有的努力都值了。其实，我的追求就是实践苏霍姆林斯基给教师的建议，苏霍姆林斯基说，人类的知识有两类：一类是反映客观世界规律性的知识，另一类是学会学习的知识。要帮助学生学会学习，首先要学会阅读。推理是学习数学最重要的方法，我从初一教第一个单元《有理数》就开始指导学生阅读数学教材，并结合教材，讲授什么是归纳推理，什么是演绎推理，什么是分类讨论，什么是完全归纳法，怎样举例，等等。如此阅读和讲解，学生非常感兴趣，因为他们从中能够体会到知识发生和发展的过程，能够在学会数学知识的同时，学会数学思考的方法。

我很感恩陈校长，感恩母校，是母校给我打好幸福人生的底色，是陈校长把我引导到教育研究这条幸福的道路上来。教学研究逐渐变成我的一种生活方式，退休至今已经十多年了，我还能经常从数学基础教育教学问题的思考中，享受发现的快乐。

谢谢母校，谢谢陈校长，谢谢！

古榕常青追思永存

林树中*

1978 年，党的十一届三中全会完成了党在思想路线、政治路线的拨乱反正，福州一中迎来了教育改革的春天。在众多老教师的要求下，1979 年，二进二出福州一中的陈君实校长回来了，这是他第三次回到一中。这个被联合国教科文组织誉为当代教育家的校长，率领他的团队，在基础教育这一平凡岗位上创造出不平凡的业绩，其辉煌超越前代，光耀后人。《荆棘之路：陈君实教育实践文集》一书，对这些情况有翔实的记录。给我印象最深的是他回校之后不久在一次全校教工大会上的讲话。他以前瞻性的视野，明确地向大家提出了一个新的课题：基础教育必须展望 21 世纪，全面进行改革。要大家团结一致，面对新的挑战。他凭着对教育事业的一腔热忱治校，任人唯贤，从不拉帮结派，让人心悦诚服。

在老校长的率领下，福州一中上下一心，以老一辈的林桐绰老师、林碧英老师、马秀发老师，步入中年的朱鼎丰老师、陈日亮老师等领军的教师群体怀着极大的热情，投入"为 21 世纪培养创造性的劳动者"这一跨越时代的教学改革之中。20 世纪 80 年代，福州一中的教学质量跃上了一个新的台阶，不但高考成绩优异，其他各个方面

---

* 作者系特级教师，1975 年来校。

亦领潮流之先，福州一中的办学成就，引起了国内乃至国际社会的广泛关注。

和许多教师的感觉一样，对陈校长我们是既敬又畏，在他当福州一中校长期间，我还真没和他说过几句话，但高山仰止，我对他一直怀着一种敬仰之心。

我的面前，摆放着《荆棘之路：陈君实教育实践文集》一书，书中有一幅题为“古榕郁郁人依依”的照片。照片中，耄耋之年的老校长站在福州一中的操场上，他的身后，一排古榕，枝干虬曲苍劲，树冠亭亭如盖，看着这幅照片，我浮想联翩，追思无限。老校长的一生，就像这榕树一样——他扎根在教育大地，博大包容，百折不挠，生命不息，追求不止，育人无数，桃李芬芳。如今，老校长虽驾鹤西去，但他的精神，就像这傲首云天、四季常青的榕树一样，永远守护着福州一中！

谨以拙作，遥祭我们永远敬爱的陈老校长！

追忆陈君实

孙秋碧*

陈书记和我在单位交集的时间仅有三年时间。

1984 年，我准备从北京高校调回福州工作，尽管有政府部门和研究机构可以落脚，我还是属意高校。适逢福州大学财经学院新成立，我试探着给当时主政的陈书记写了封信，不曾想竟收到亲笔回信，而不是我原本以为的让办公室或者秘书给个回复。这让我心生感动，是我未曾谋面的领导给我的第一份感动。

陈书记行事风格刚硬利落，对年轻人也很关心爱护。那时，财经学院刚刚筹建，教师队伍以年轻人为主，他要求学院既提供各种学习、锻炼机会，又要求严格把关。我从北京回来后的短短几年中，密集开出几门新课，一边是一门门新课检查教案、试讲过关、随时敲打；另一边是请老教师听课指导手把手传帮带，同时鼓励将调研案例、科研成果组织进教学中，早早把一批 20 来岁的年轻教师“逼上”讲台，很快成长为学院教学的中坚力量，显现出他“软硬兼施”工作作风对年轻教师的培养意义。

80 年代中期，闽南外向型乡镇企业发展蓬勃，省里需要了解动态。我们随陈书记去南安、石狮等地调查外商投资企业。早期的石狮

---

* 作者系福州大学经管学院教授、博士生导师。

小商品市场有别处难见到的繁茂，年轻人很想去看个新鲜，但是工作时间不好意思说出口。陈书记一眼看穿我们的小心思，就让大家提早收工去逛市场，而自己则继续埋头在工作中。在南安的南丰针织厂，那里来样加工的毛衣款式新颖、时尚，厂里有意送陈书记一件，可惜一时没有合适他高大身形的尺寸。他没舍得放过“好机会”，自己没穿上，却给我们每人都要了一件合意的毛衣，包括随行的司机师傅，把大家乐坏了……一路上，我们看到这位年逾花甲老人饱满的工作热情，同时也感受到他硬汉外表下的细致、体贴。

他带我们几位年轻教师多次下乡调研，形成了直通省委、省政府的几份外资企业发展状况的调研报告，是当时胡平省长相关决策的重要支持材料。这种到第一线调研、学习、研讨、实践的学问路径，让我获益匪浅。高校工作近 40 年，在追踪学科前沿、深入理论方法研究的同时，我和我的团队还参与了政府相关部门的大量经济、人口等的普查、抽样调查工作，以及调查数据的后期开发，获得了国家社科基金的支持和省部级成果奖项等各类学术肯定。

作为直接下属的三年时间，每每看到工作中的他，严谨、严格，有时甚至是严厉的一面，却也能深深感受到他对年轻教师压担子、送一程的拳拳用心。

2017 年春节，我去看陈书记时合影一帧，他一如既往一脸严肃，登登姐要求来个笑脸，他腼腆地笑了，那一年，他 93 岁。如今，每每念想起他敏捷才思、干练风格之外，更多的是他和煦的笑容。

2019 年 5 月

在陈君实追思座谈会上的发言

王能斌*

尊敬的老校长、老校友、老前辈和各位老师：大家好！

今天，有幸参加陈君实老校长的追思座谈会，大家畅所欲言，肺腑之言发自内心，倍感温暖和震撼，老一中人的教育情怀和精益求精的作风，令人深受教育和启发。在此，我也谈几件与陈老校长有关的事。

2018 年 9 月份，我到北京开会，拜访了几位在北京的校友，有董琨、叶葳葳、许小群、叶小宇、张昱等，他们十分怀念一中的校园生活，十分感谢当年陈老校长和老师们的谆谆教诲。离别时，叶葳葳校友赠送了王于畊老厅长的《往事灼灼》一书。我回到宾馆就开始翻阅。当我读到附录“致陈君实校长的几封信”时，我意识到，这是一中发展历史中的“机密”，信中除了生活上的嘘寒问暖外，都是在探讨一中的人和事，最核心的议题就是“如何千方百计地把一中办好”。阅读这几份信件，我感受到“办好一中”几乎成为老一辈领导人和老一中人的不懈追求，我的心是暖的，眼眶是湿润的，着实打动人心。

我到一中工作时，陈老校长已经离开一中，没有什么交往。但是，我从老教师们言行中感受到陈老校长的魅力和智慧。大家一说到

---

* 作者系中共福州一中党委书记。

陈老校长都很崇敬他，又很怕他，却都很爱说到他。因为，他要求老师对待教育教学工作要严谨认真、唯精唯一。马秀发老师曾多次对我提起说：当年，就是陈老校长要求她必须认真、严谨对待教师的专业成长，不能有半点的马虎。在陈老校长主政一中的那些日子里，优秀老师、优秀学生、优秀成果、先进经验层出不穷，影响至今。

我与陈老校长近距离接触，是1996年的秋天。当时，朱校长委托我去参加厦门一中90周年校庆，同时，顺道去南安南星中学看望陈老校长。我返回福州时，与时任教育厅中教处郑高潮副处长一同去看望他。那时，陈老校长住在校内的简易宿舍里，除了简单的家具和简陋的日常用品外，只有书报、文件和药品等，生活极其简朴，可他只字不提个人生活情况，他侃侃而谈，说起了家乡办学的艰难，乡镇学校的教育资金短缺、师资不足、优秀教师匮乏、教学资料贫乏、教学设施、设备陈旧等。他心系家乡教育，其心之切、情之真表露无遗。

2018年春节正月初三团拜，陈老校长围着长长的红围巾，戴着贝雷帽，坐着轮椅来到校园里参加团拜活动，老校友们很快就把陈老校长团团围住，要一起合影，还邀请朱鼎丰、李迅两位校长站在陈老校长身后，这是一张很有纪念意义的照片——中华人民共和国成立后，福州一中前后任三位任职时间均超过十五年的校长同时与校友团拜、合影，是第一回。

今天，我把《荆棘之路》这本书带来，对于一中人来说，这是一本弥足珍贵的书。本书尚未再版，原价35元，图书馆的余老师说网上卖到将近200元。这本书不仅是陈老校长在一中的办学经验的总结，也对当今一中办学有着现实的指导意义。例如，陈老校长曾说："学生要成为学习的主人，而不是题海的奴隶。"我觉得非常有现实意义，怎么样让学生成为学习的主人，而不是题海的奴隶？人生有很长很长的路要走，所以，我能够理解，当年的三年"高考红旗"，绝不是题海战术的成果，而是遵循真正的教育本质和规律，水到渠成结出的硕果。

今天，在这里，我感觉自己像一棵小草，沐浴着党的阳光雨露，在一中这块肥沃的土壤里茁壮成长，我的个人成长离不开一中优良传统的熏陶，离不开老一辈一中人的教导、引领与呵护，我在这样的学校里工作了35年，感到荣幸、亲切、自豪，也深感肩负责任的重大。

我衷心祝愿一中明天更美好。我衷心地祝愿在座的前辈和老校友健康长寿、吉祥如意！

谢谢大家！

2019年1月13日

陈君实与福州一中

张碧红

引　言

如果以学校中开设中国教育史课程①和开始有了对中国教育历史的专门研究②作为中国教育史学科诞生的标志，那么其历史也只有百来年。

由于20世纪中国社会发展的独特历程，中国教育史学科经历了一条艰难的发展道路，其前进、走向常常受社会的激烈动荡与时代的新旧更替的影响。纵观中国教育史学科本身的发展历程，我认为，有两个重要的时期必须一提。第一个时期是从20世纪20年代初至抗日战争爆发。经过20年的探索和积累，在五四运动的滋养下，中国教育史学者反思引进西方近代教育制度60年和建立新学制20年的历史，在动荡时代的感召下，在对中国教育未来道路的求索过程中，促成了中国教育史学科发展的第一个高潮期的到来，其重要表现在于大量研究成果和众彩纷呈的研究思想纷涌而现，其中的一些代表性成果

---

① 清政府1904年颁布并实施的《癸卯学制》规定，学科大学堂和师范学堂的教育类课程中均设中国教育史课程。

② 出现了罗振玉、王国维等一批教育学者，发表了一大批有价值的教育论文。

在今天仍具有生命力。只是因为抗日战争的爆发，它的发展势头遭到遏制，令人不免惋惜。

第二个时期是从改革开放至今。这一时期是中国科学、文化、学术和教育发展前所未遇的黄金时期。国家的统一稳定和中华民族伟大复兴的趋势，使中国教育史学者以前所未有的平和心态和强烈的使命感，投身于中国教育史研究，促成了中国教育史学科发展的第二个高潮期。这个时期研究领域的重要特点是，形成了以教育制度史和教育思想史研究为主体的教育内部史研究，以教育和文化、社会之间相互关系的研究为主体的教育外部史研究，以教育史自身为研究对象的教育史学理论的研究，学科构架基本完备。教育比较史、教育文化史、教育思想史、教育管理史、科技教育史、民族教育史、地方教育史乃至学前教育史、家庭教育史、高等教育史、师范教育史等新的学科研究领域和研究分支的开拓和勃兴，使研究成果如雨后春笋般层出不穷。总而言之，百年来，经过几代中国教育史学者的辛勤耕耘，人们对自己民族教育历史的认识有了相当的深度，出现了大量有价值的研究成果，中国教育史学科体系日趋成熟。

而研究热点的形成是新时期中国教育史研究取得明显进展的表现之一。总体上看，当前中国教育史的研究热点主要有两类：一类集中在教育思想，研究方向主要集中在古代的孔子等先秦诸子、朱熹等宋明理学家、颜元、王夫之、顾炎武、黄宗羲等早期启蒙教育思想家；近现代的康有为、梁启超、严复、张之洞、蔡元培、陶行知、梁漱溟、晏阳初及陈独秀、李大钊、鲁迅、徐特立、杨贤江等无产阶级革命教育家。一类是对教育制度的研究，如以古代学校教育制度和取士考试制度为主的古代教育制度；洋务教育；以“六三三”学制为代表的中国现代学制；大革命时期、土地革命战争时期的苏区教育、抗日战争时期和解放战争时期的革命根据地教育等中国共产党领导下的教育；特别是曾经在 20 世纪二三十年代流行一时的书院研究 80 年代后兴盛一时。

纵观中国教育史研究的发展，从上述分析可以看出，中国教育史的研究在以下两个问题还存在进一步探索的空间：其一，从时间角度看，至少在抗战期间白区教育活动以及对中华人民共和国成立以后的教育制度研究特别是20世纪60年代的教育建设方面涉及尚少，还没有出现令人瞩目的研究成果；其二，对近现代教育家的研究力求反映近现代社会思潮多元化的特点，兼顾不同思想主张、学术流派价值趋向、政治态度，但对当前时代特征和鲜明个性的教育家的教育思想与实践进行介绍、评析方面的成果寥寥；其三，在地方教育史研究方面，20世纪80年代后也取得了可喜的进展，如河南、天津、四川、福建、东北等省区都出版有地方断代教育史或教育全史。如熊明安等主编的《四川教育史稿》，记叙了从远古时期至1957年四川教育的发展情况，同时介绍了部分四川籍和在四川从事教育活动的任务的教育思想和实践。再如，刘海峰、庄明水主编的《福建教育史》，记叙了唐、五代至中华人民共和国成立福建教育的发展历程。然而，从整体上看，目前地方教育史研究还停留在对单一省份教育发展史实的描述上，有待进一步将地方教育发展与中国教育发展的历史有机联系起来进行综合的考察，以便更清晰地显示不同地区教育发展的独立特征。

本文选取陈君实在20世纪60年代福州一中的办学思想和教育实践进行研究，正是针对以上几个空白点而设置的。因为它同时具备了以下三个方面的优点：首先，福州一中是当时中国最先进的中学之一，陈君实是当时最优秀的中学校长之一，其所取得的成绩无疑当载入中国教育史史册，福建地方史史册。其次，福州一中的成绩是在极左政治路线统治下取得的。陈君实的办学，表现为一种政治与理念之间的艰难选择，表现了一种批判的维度与超越的维度。再次，以期总结经验教训，深化我们对现代基础教育，尤其是素质教育的认识，从而为现实服务。

为了完整地表达以上思路，本文运用翔实的史料和大量的调查采访资料，以20世纪60年代的福州一中作为典型个案，通过展示陈君实在福州一中发展过程中所发挥的独特作用，结合这一时期中学教育的主要特点，全面系统地阐述陈君实在特定的社会历史条件下对社会主义中学教育规律所进行的探索和实践。

一 陈君实简介

宋明以来，原为教化难及之地的福建，由于经济的发展和在对外贸易方面举足轻重的地位，成为人文荟萃之地，一举成为科举大省和教育强省，书院教育甚为兴盛，直到民国时期仍其势不衰。正是这种源远流长的浓郁学风和深厚的人文底蕴，孕育了在中国近现代教育史上占重要地位的名校——福州第一中学（以下简称福州一中），这所被当地老百姓誉为“三牧坊学堂”的名校在兴办教育、广育人才，树立风范等方面，作出不可磨灭的贡献。尤其是中华人民共和国成立初期，福州一中在探索社会主义中学教育规律方面独树一帜，成为60年代中国中学教育史上最辉煌的篇章。其辉煌的主要标志是：1957—1959年连续三年取得全国高考第一，成为全国教育界引人注目的对象，一时有20多个省市纷纷打着“学习福一中，赶超福一中”的口号来校参观取经。福州一中取得的辉煌业绩和他的校长陈君实有着密切的关系。

陈君实，原名黄英瑞，又名黄锡祥，福建南安人，中国现代教育家。

1923年6月18日出生于福建省晋江县安海镇一个教会家庭。自幼深受基督教精神和西方民主、博爱思想的熏陶。1928—1941年在教会办的晋江县安海镇铸英小学、养正中学、泉州培元中学读书。1941

年考入湖南省第一流的岳云中学读高中。1943 年，考入国立广西大学经济系。在长沙、桂林受多种文化思潮的冲击，以及动荡不安的国内局势，他开始思索中国应该走怎样一条路才能国富民强。随着抗战结束，1946 年转学厦门大学经济系。在王亚南、郭大力等教授的教育下，在进步同学的帮助下，开始学习马克思主义理论，参加学生运动。1947 年 10 月，秘密加入中国共产党地下组织，改名陈君实，从此走上革命道路。

秘密入党后的陈君实，以坚定、沉着、目光敏锐迅速赢得组织信赖。1947 年 11 月，由于党组织受到破坏，厦大地下党支部负责人决定撤往香港转赴解放区，于是支部书记交由他担任。1948 年 7 月，他从厦门大学毕业，开始肩负闽南白区中共厦门市临时工作委员会书记的重任，在交通线被敌人切断，失去组织联系的情况下，他和同志们一道，从香港寄来的各类报纸杂志和国统区收集的点滴资料中，冷静分析解放战争的形势，领会党中央的战略意图，并果断作出决定，成功地领导厦门地下党开展各种形式的斗争。① 1949 年 4 月，他根据上级指示，撤退安溪游击区，担任中共安溪中心县工委委员及闽粤赣边区纵队第八支队第四团第一营教导员。5 月，在人民解放战争的号角声中，这支游击队率先攻克福建省第一座县城安溪县。②

中华人民共和国成立后，陈君实在漳州担任龙溪地区行政公署工商科副科长。1951 年 3 月至 1952 年 7 月，先后在尤溪、大田、宁化、清流省土改工作队工作，任省土改工作队分队长。由于工作深入细致，卓有成绩，受到了省委第一书记张鼎丞的表扬。

1952 年 5 月，土改即将胜利结束的时候，他奉命调至福州。7 月，被选派福州一中任副校长；1956 年任命为福州一中校长兼党支

---

① 沈瑞其：《陈君实传》，见《中国现代教育家传》第七卷。

② 陈天绶、陈孝华等：《中共闽西南白区组织斗争史稿》，福建人民出版社 1999 年版，第 110—113 页。

部书记；1959 年 5 月受党内反右倾的影响，调至漳州师专任教务处主任。1962 年 7 月重返福州一中任校长。“文化大革命”时期，在福州一中监督劳动。1973 年 5 月，他重新工作，被分配到福州抗菌素厂任厂革会副主任。粉碎“四人帮”后，调任省科委任省科技情报研究所所长兼党支部书记。1979 年底，陈君实回到阔别多年的福州一中，任校长兼党支部书记，以后又兼任福建省教育厅副厅长，分管中学教育业务。1983 年夏，调福州大学任党委副书记兼财经学院院长，后任党委书记至 1987 年离休。

从 1952—1984 年，陈君实三进福州一中，在长期教育实践中，锐意改革，励精图治，坚持全面发展的方针，进行教学改革；倡导“勤奋、竞取、严谨、活泼”的校风，重实验，重实践调查。[①] 他以其卓识远见把一所旧式的传统中学改造创新为国内一流的中学。由此，1982 年联合国教科文组织中国委员会应亚太教科文组织之请，推荐陈君实等十人为中国普通教育专家，列入联合国普通教育专家名录。1985 年陈君实被推荐选入《中国名人录》。1986 年，由陈云题写书名、周谷城作序的《中国现代教育家传》编入蔡元培、李大钊等先辈传记共一百左右篇，陈君实列入第七卷。

二　福州一中校史沿革

福州一中的前身，是创办于嘉庆二十二年（1817）的“凤池书院”和创办于同治九年（1870）的“正谊书院”。两院的院址均地处古老的福州东街三牧坊巷（今福州一中校园原址）。位于三牧坊的东西方向，仅两墙之隔，中间横跨一座小天桥，连接东、西两部校舍，即东部原“凤池书院”，西部原“正谊书院”院址。这两所书院是清

① 《陈君实》，见《中国人名大辞典·当代人物卷》，第 1084 页。

代福建全省四大书院中的两所，从创办至合并改办“全闽大学堂”（1902 年）构成福州一中“书院时期”的前85 年。80 多年里，书院经历了五位皇帝，即嘉庆年的最后 4 年（二十二年至二十五年）、道光（30 年）、咸丰（11 年）、同治（13 年）、光绪在位 34 年的前 27 年。

随着教育改革中的承上继下的变革，光绪二十八年（1902）福建省创办第一所官办新型学堂——“全闽大学堂”。这是晚清政府在维新运动的推动下，废科举、改书院、办学堂，推行新学，以挽救危亡的新举措。自此，形成了福州一中新学。1915 年，学校改名“福建省立第一中学”。以后随时代推移，政体更替，学制变革，数易校名。溯自 1817 年至中华人民共和国成立，福州一中走过了源远流长的百年历史。百年里，福州一中从一所基本属于儒家传统的缺乏近代科学教育的书院，变革为近现代科学教育体系的学堂。到 1966 年，学校创建成一流的社会主义中学。

（一）书院时期

书院始于唐，盛于宋元，是中国古代的一种学校制度与教育机构，对历代文化的发展有过一定贡献。书院本是作为官学的对立物而产生的私人讲学授徒、比较能发挥自由思想、养成人才的场所。宋代福建书院趋于极盛，一度成为全国教育与学术中心之一。元以后继续发展，但统治者对书院的渗透与控制逐渐加强。同时，书院与科举的联系日益加强，到清代中叶以后各种形式的官学已名存实亡，书院则变成另一种形式的官学，由官府提供经费，或拨给学田（部分由地方人士捐赠），任命山长（院长），纳入官学系统，完全成为科举的附庸。清代福建全省性书院共四所，即鳌峰、凤池、正谊和致用省城四大书院。各书院吸收生徒的对象不同。鳌峰、凤池两院，是教育生、童、监；正谊书院主教育举、贡；致用专习经史古文兼教举贡生监。

清光绪三十一年（1905），清廷明令“废科举，广设学堂”，转为讲授“新学”，书院逐渐消亡。

1. 凤池书院

福州第一中学的前身——凤池书院，创建于嘉庆二十二年（1817）为福建省城著名的四大书院之一。由于当时福建省城大书院仅鳌峰一所，士子逐渐增多，不能满足他们求学的需要，于是闽浙总督汪志伊、盐法道孙尔准“欲广育人之途”，选择城内凤池里的三牧坊兴建书院，初名“圣功书院”，专为课试生童而设。道光元年（1821），盐法道吴荣光加以扩建，并于课试之外兼教育生童，性质与鳌峰相同。巡抚颜检以其地系宋代状元丞相许将旧宅凤池里，而改名凤池书院。

改建后的院舍有讲堂3楹12间，学舍30余间（自修和课徒之所）。据张戆生回忆，堂舍后面有相当大的园林，亭榭建筑仿苏州式样，有翠竹轩、树人、佳士轩、横经精舍、藤阴书屋，是一所便于学生读书又可陶冶性情的学园。①

凤池书院的组织，经费及招考办法都与鳌峰书院相似。书院设山长一人，监院一人，书办二人，丁役数人，组织很简单。历任山长都由地方上有一定声望绅士担任。首任山长赵在田，教诸生以“持躬立品为先，道义文章为次”。继任山长魏继中，勤于工作，深受士子们爱戴。书院在考试管理上极为严格，按书院章程规定，“每年甄别一次，每月考课三次”；“生员、童生考课一次无故不到罚扣半月膏火，二次扣全月，三次除名。试卷有抄袭雷同、传递及文理荒谬的，虽前次曾考列前茅，概除名”。② 凤池书院组织的简单，主持人的声望，考试的严格，使学生考中科名者不少，仅道光历科便中举124名，其中郭礼图为道光八年（1828）解元，吴景禧为道光十二年（1832）解

① 张戆生：《由凤池书院说到省立福州中学》，藏福州一中校史办。

② 《凤池书院纪略》，清末刻本抄，藏福建省图特刊部。

元，林廷祺为道光十四年（1834）解元，曾庆嵩为道光十五年（1835）解元。历科考中进士16名，其中林鸿年为道光十六年（1836）丙申恩科状元。在1901年改书院为学堂的潮流中，凤池书院改为全闽大学堂。书院历史虽至此宣告结束，但却对其后身——全闽大学堂（福建高等学堂）、福州第一中学都起了示范作用。

2. 正谊书院

正谊书院的前身为正谊书局，于同治五年（1866）由闽浙总督左宗棠创立。鳌峰和凤池是为生员和童生而设的，正谊书局则是专为举人而设的，兼收贡生。由于清中期以后官阙日少，且因捐纳一途占去一些，不少举人长期居家待仕，生计所迫，往往包揽诉讼，武断乡里，或捏造罪名，敲诈勒索，成为一社会公害。① 时适左宗棠督闽，他曾以举人出身多次上京会试未中，有些经历，所以深表同情举人的状况。他想出救济办法，设正谊书局，召集一批举人、贡生，以校刊正谊堂遗书为事，址设福州城内新美巷（今城内黄巷）。但是书局毕竟是临时性的，因而地方绅士沈葆桢、杨庆琛致函闽浙总督，请设书院、专课十郡举贡。镇闽将军英桂兼署闽督，采纳了建议，决定拨款购买骆舍铺（现东街省立图书馆旧址）民房改建书院。同治九年（1870）书院落成。因鳌峰书院原有"正谊堂"也是从事刊刻古代遗书的，且书院是从成立不久的正谊书局演化而成，于是书院定名为"正谊书院"。②

正谊书院建筑朴素大方，与鳌峰、凤池两院构造风格不同。院大门上有一块字径盈尺、青石刻的横匾，上镌"正谊书院"四个大字，是当时闽籍书法家郑世恭所书。书院内有讲堂、考棚、官厅、藏经阁及山长、监院廨，并供文昌帝君、魁星及先贤牌位。

① 王宜汉：《清季福州各书院丛谈》，见《福建文史资料》第16辑，第167页。

② 陈遵统：《福建编年史·正谊书院》，1958年抄本，藏福建省图特刊部。

书院每年二月甄别考，投考资格以举、贡为限。三月二日开课，十二月二日止。每月两课。初二、十六的师课、官课都考制艺、试贴。每月初二兼试古学、经解、律赋或策论。官师课列十名之内及师课古学考试列二十名之内的，都另有奖赏。[①] 每月考课的试卷，其规制和书写格式完全依照殿试、朝考的成例，以便预为练习，以臻娴熟，便于临场制胜。[②] 这样做的目的很明显，为参加会试、殿试做准备。正谊书院首任山长林鸿年，道光状元，官至云南巡抚，在书院主讲十九年，极有名望。"训士必以器识为先，而尤勉以根砥之学"，造就了不少高层次的杰出人才，如叶大焯、陈宝琛、林纾、陈衍、吴增祺等。所以就此意义而言，正谊书院对于晚清文学界起了积极的推动作用。

（二）学堂时期

中日甲午战争的失败，暴露了科举教育的劣根性。康有为、梁启超、严复等维新派人士挺身而出，大声疾呼，必须变法维新，废科举，兴学堂，改革政务，以求富国强兵，救亡图存。这些主张逐步为国人接受，从而掀起了一定规模的变法维新运动。在"百日维新"中，光绪皇帝采纳维新派的变法主张，发出数十条变法令，全国各地相继响应，开始筹办新式学堂。"戊戌变法"由于顽固派的破坏失败了，但变革教育，兴学育才已为大势所趋。1901 年，时值《辛丑条约》签订，清政府迫于内、外形势不得不实行"新政"，公布一系列学堂章程，建立了中国第一个比较完善的学校教育制度。

在维新运动的影响下，福建省从上到下都比较积极地推行新学制，建立新式学堂。光绪二十七年（1901）七月，清政府下达《上谕》提出："除京师已设大学堂应行切实整顿外，著将各省所有书院，

---

① 陈遵统：《福建编年史 · 正谊书院》，1958 年抄本，藏福建省图特刊部。

② 王宜汉：《清季福州各书院丛谈》，见《福建文史资料》第 16 辑，第 166—169 页。

于省城均改设大学堂，各府厅直隶州均设中学堂，各州县均设小学堂并多设蒙养学堂。著各该督抚学政切实通筹，认真举办。”①

根据《上谕》精神，闽浙总督许应騤决定首先在省城筹办大学堂，派布政使司周莲为总办，盐法道鹿学良为会办，聘记名御史翰林院检讨叶在琦为总教习，在福州城内三牧坊，以凤池书院为基础，拨正谊书院旧址的2/3，并收买附近民房（骆舍铺）进行改建。全闽大学堂于光绪二十八年（1902）二月开学，四月正式开课。这是20世纪初福建省全省最早成立的官办学堂，也是福建近代第一所正式的高等学堂。

作为大学，其生源本应是中学毕业生，但由于中学堂尚未开办，所以全闽大学堂就在全省举、贡、生、童中选拔。课堂的设置仿照山东，设正斋、备斋（两班）。学堂聘请本省进士、举人出身的绅士讲授读经、国文、修身等课，请洋教习和留学人员主讲外语、算学、理化、地理等课。“中文西文分教习十八员，分斋督课，兼理译书事宜。”② 因而，学生的课程实是“中学为体，西学为用”。由于此时科举未废，学生还想考取功名，所以多数学生不专心学习，学堂办学困难重重。

光绪二十八年（1902）七月，《钦定学堂章程》颁布，其中《钦定高等学堂章程》规定：全国只设京师大学堂一所，“今定省会所设学堂曰高等学堂”，“高等学堂虽非分科，已有渐入专门之意，应照大学预科例，亦分政、艺两科”，学堂负责人称总理。③ 据此，全闽大学堂改名“全闽高等学堂”（不久又更名福建高等学堂），并明确学堂为大学预科程度，分文、实二科。文科毕业后可升入大学的政治、文学、商务科；实科毕业后可升入大学的农业、格致、工艺、医术科。

---

① 《大清教育新法令》第一册，第44页，转引自刘海峰、庄明水《福建教育史》，福建教育出版社1996年版，第261页。

② 《谕折汇存》光绪壬寅（1907年），第110页，藏福建师范大学古籍部。

③ 《钦定学堂章程·钦定高等学堂章程》，见《中国近代学制史料》第二辑（上册），华东师范大学出版社1987年版，第559—600页。

预科学制五年，属中学性质。学堂开办之初，两度派员赴日本考察教育，寻求新的教学与管理方法，故多仿效日本学校，吸取经验，规定学制，订定课程。作为大学预备科，学堂实际只有中学程度，但在课程开设上又高于中学堂的要求。在教学要求上十分认真严格，各门课程都必须编制详细的“教授细目”（即教学大纲），并配备高质量的教材。[①] 学堂提出“细目”的编纂必须遵循五条：“（一）教授日数及时数之预定；（二）教授时间中预留适度之余裕；（三）一教科目上，务使其前后之关系为有机的连络；（四）一科与他教科之联络统一；（五）各教材务使适应于期节，教授材料当征之于生徒直观的经验者，教育学者所主唱也。故教授材料，不能不取材于乡土之直观物。”[②] 由此可见，该学堂已形成较为系统的教学原则。

从大学堂的成立起至辛亥革命后高等学堂又更改名称止，历时八年，先后担任学堂总理（后改称监督）的有叶在琦（第一任）；陈宝琛（第二任：1905—1906 年；第四任：1908—1909 年）；林炳章（第三任：1906—1908 年）；陈培锟（第五任：1909—1911 年）。他们颇有名望，均为清代进士、翰林。在众名师们严谨治校下，教风严格、学生勤奋。福建高等为学堂止于 1912 年 2 月，共培养出四届毕业生，计有二百九十余名。该学堂进步学生积极学习西方科学文化知识，接触西方学说，并受当时民主革命思想的影响，激起反对封建专制，救亡图存的爱国热忱。他们经常集会，议论时政，鼓吹革命，痛斥清廷丧权辱国。一批学生还加入同盟会福建支部，投身辛亥革命。第一届校友、黄花岗七十二烈士之一的林觉民在该学堂毕业后赴日留学，加入同盟会。1911 年春，回国参加广州起义，受伤被捕，英勇就义。他写的《绝命书》，以人间至诚至爱之感情，倾诉着对中华民族的赤胆

① 刘海峰、庄明水：《福建教育史》，福建教育出版社 1996 年版，第 263 页。

② 《福建省高等学堂附议中学教授细目》，宣统三年（1911）版，第 2—4 页，藏福建省图特刊部。

忠心。在辛亥革命后一直到1949年前，学堂为当时社会输送了不少人才，如在中央及本省担任重要职务的国民党铨叙部长林翔、全国公务员惩戒委员会委员长翁敬棠、省民政厅长高登艇、警察厅长杨燧、省府委员林知渊、秘书长沈觐冕等；在财经部门的财政部佥事周葆銮、省中国银行行长郭则寿；在教育部门的首任福州一中校长王修、两任福一中校长张湛等。① 福建各界公认该学堂为人文荟萃之地。

（三）学校时期

1912年元旦，中华民国南京临时政府成立。1月19日，国民政府教育部颁发《普通教育暂行办法通令》，令"从前各项学堂，均改称为学校。监督、堂长，应一律通称校长"。"中学堂为普通教育，文、实科不必分科。"② 于是，福建高等学堂改称"福建高等学校"，由派往日本东京高等师范学校深造，于1909年回国的第一期毕业生王修担任校长。学校直属福建省行政公署，具体由福建省教育司直接领导。

1915年，福建省巡按使许世英整顿各级各类教育，把全省公立中学全部改为省立，以第一、第二等序数冠以中学校名。福建高等学校因此改名为"福建省立第一中学"，预科生转为中学生，秋季始业，学制四年。1922年9月，根据教育部召开全国学制会议通过的《学校系统改革案》规定："中学校修业年限六年，分为初高两级"③，学校首先试办中学六年，初、高中分段"三三制"。

1927年，福建省临时政务委员会对全省公立中学进行调整，废校长制，置校务委员五人制。又将学校高中班级分别并入省立第一高级

① 张鼿生：《由凤池书院说到省立福州中学》，藏福州一中校史办。

② 《普通教育暂行办法通令》，见《中国近代学制史料》第三辑（上册），华东师范大学出版社1987年版，第1—2页。

③ 《1922年新学制——壬戌学制》，见《中国近代学制史料》第三辑（下册），华东师范大学出版社1987年版，第804—807页。

中学及省立理工中学，将停办的华侨中学、女子师范学校初级班划归该校，自此学校有女生，校名改为“省立第一初级中学”。次年10月，省立第二初级中学并入该校，编为第二部，1929年1月，奉令改称“省立福州初级中学”。

1929年8月，复办完全中学，定名“省立福州初级中学”。分别于1933年、1935年将福州女子初级中学、省立福州高级中学和初级中学并入该校。1937年抗日战争爆发。1938年省政府规定将学校内迁沙县，在沙县城关文庙办学，又设洞天岩为初中部校舍，逐步转入战时教育体制。

1939年8月，省政府鉴于学校规模过大，疏散不易，决定将学校分置为高中、初中两校，一为“省立福州高级中学”，校址仍在文庙；一为“省立福州初级中学”，新立校址于沙县洋溪，两校各自独立。

1945年8月，抗日战争胜利。1946年1月，学校迁回福州三牧坊原址，增设初中班，复称“省立福州中学”。

1949年8月17日，福州解放。9月中旬，省人民政府派军代表接管学校，执行“维持原校，逐渐改造”方针，学校由省文教厅直接领导。10月12日，举行正式接管典礼暨开学式。1951年4月，学校改称福建省福州中学。1951年8月1日，正式定名为“福建省福州第一中学”至今。1952年2月，福建省文教厅委托福州市人民政府领导，直接由福州市文教局管理。1952年8月，建立中共福州一中支部并收归省教育厅直接管理。1953年7月，省教育厅确定学校为首批10所省重点中学之一，直属教育厅，成为60年代福建省教育厅中学基础教育的“实验田”。

在广大百姓心目中，1949年前省福中是“当时福建文化水平最好的一个中学”。历任校长苦心经营，形成“务实求精，尊师爱生，文明尚友”的校风及“严、勤、实”的学风。校誉益加远扬。教学上，初中重点抓汉、数、英三科，实行按程度分团教学；高中数、理、化三科适当采用英文版本，并开放选修课，开展课外活动。①同时，学校严格平时训练与考查。1931 年起实行会考制度，历届会考成绩该校皆居全省前列；30 年代末全国公立高等院校联合招生考试，该校成绩“居全国最优等之第九位”，受当时教育部传令嘉奖。1940—1944 年，四度会考，合格率都达 99%，其中成绩优秀、免考保送升学者占毕业生总数 36.25%，“为各大学公认冠全省”。②严格的教学，高质量的水准，使省福中办学成就卓著。这里，曾经为社会培养出不少以史学家邓拓，固体物理学家冯端，天体物理学家陈彪，电化学家田昭武，寄生虫病学家唐崇惕，心脑血管学家陈可冀，台北“中央研究院”院士周汝吉等为杰出代表的科学家。这里，还曾经是福州地下党领导学生民主运动，“反独裁、反饥饿、反内战”，与国民党反动统治进行针锋相对斗争的革命据点，直到迎来福州解放和新中国诞生。

以凤池、正谊为发端的福州一中从创校起就以其办学质量高、学生素质好而闻名遐迩。悠悠百年，福州一中形成优良的校风，莘莘学子以此为荣耀，代代相传“凤池、正谊托迹古，此邦人物甲南东。巍巍我福中！”③ 正是有如此深厚的历史积淀，福州一中承前启后，继往开来，在 50 年代实现了历史性的超越——1957 年至 1957 年全国高考三连冠，将福州一中带入历史发展上最辉煌的时期。

三　陈君实与福州一中的发展

自 1948—1968 年，福州一中前前后后有过七位校长：朱民生

① 福建省档案 178—16—37 卷宗，福州一中调查材料·1949 年前福州一中教学情况的调查报告，1961 年，藏福建省档案馆。

② 《福建省立福州高级中学概览》，民国二十三年七月刻，藏福州一中校史办。

③ 《福建省立福州高级中学概览》，民国二十三年七月刻，藏福州一中校史办。

（1948—1950）、冯邦彦（1950—1951）、叶振汉（1952）、桑耘（1952—1954）、顾耐雨（1954—1956）、陈君实（1957—1960、1962—1968）、王贻珠（1960—1962），但以陈君实在一中时间最长、影响最深远。陈君实，1952 年进福州一中，致力于以“教学为中心”的改革，狠抓基础知识教育，教学质量稳步上升。在福州一中办学七年之后，下放漳州师专。1962 年，重返福州一中，着眼于建设国际一流中学。遗憾的是当福州一中蒸蒸日上向国际一流冲刺时，“文化大革命”时期，陈君实再度受挫。陈君实在特定的历史条件下，两进福州一中都以时代悲剧而告终。而正是这一悲剧成就了一位戛戛独造的教育家。

（一）1949—1952 年前的福州一中

阐述陈君实与福州一中的发展状况，我认为有必要概述一下 1952 年前福州一中的总体状况。只有这样，才能清楚地了解陈君实是在怎样的基础上开始他与福州一中的历史性大超越。

1949—1952 年的福州一中，和全国所有的大中小学一样面临的主要任务是在中国共产党领导下如何妥善地被接管、改造，尤其是通过帮助教师思想改造，建立起民族的、科学的、大众的中华人民共和国教育。

1949 年 8 月 17 日，福州解放。9 月中旬，省人民政府派军事代表张传栋、张雄飞、陈邦才进驻福州一中，本着“维持原校，逐步改造”方针开始接管和改造旧学校的工作。这一工作由省文教厅直接领导。10 月 12 日，举行正式接管典礼暨开学式。在接管过程中，学校废除国民党统治时期反动的训育制度；设立校务、生活指导、经济稽核三委员会。校务委员会成为学校的最高权力机构；废除公民、军事训练、童子军训练等课程，开设马克思主义政治理论课；停止国民党、三青团等党团活动；进行清点学校财产和录取新生等项工作。这样就使福州一中纳入了新中国教育的轨道。

这一时期福州一中工作的重点是争取、团结和改造教师，而以上课为主要活动的“正规化”工作始终没有正常开展起来。这主要缘于教师政治状况的复杂。1949 年前的省福中在社会上享有盛名，成为国民党反动统治者实施反动教育的重点，校内设有国民党区分部、三青团分团部，特务分子活动猖狂。因而被接管下来的教师既有传统名校的浓厚优越感，又自视“清高”，党派关系较为复杂。学校 42 名教员中，参加过国民党、三青团等反动党团的占 85.7%。他们对国民党的贪污腐化不满希望“变”，但又对中华人民共和国、对无产阶级领导缺乏了解甚而有的还颇感疑惑。可以说，他们思想中的进步与反动交织在一起。这种复杂性的后果在接管初期即暴露出来：“校内情况复杂、秩序混乱，少数历史复杂分子冒充进步，包围军事代表，把持校政，形成宗派对立，多数教师莫知所从。”① 福建省文教厅鉴于这种状况，采取了一系列措施以增强党的领导力量，争取、团结和改造教师。一是调整充实教职员队伍，配备政治教员。1950 年春，省文教厅派出李昇震等四位政治教员往该校，以增加进步力量。2 月又把校长朱民生调离，由冯邦彦继任；二是明确学校的组织机构，改进学校的领导成分，提高党在学校的工作质量。1950 年 1 月，相继成立新民主主义青年团支部、学生会、教育工会、生活指导委员会和经济稽核委员会。5 月，省文教厅指派 13 人组成的校务委员会正式成立，冯邦彦、李昇震任正、副主任委员。这种校务委员会制是中华人民共和国成立之初，我国大中小学实行的临时性学校领导体制。它是鉴于当时教育领域的主要任务是结束反动政府对学校的统治，使学校掌握在人民手中而进行的。这种临时性体制，对福州一中改造旧教育，贯彻人民政府的政策决定，稳定学校秩

① 福建省档案 178—8—37 卷宗，本省中等学校调查报告，福州第一中学，1953 年，藏福建省档案馆。

序，起到了积极作用。但是这种体制，在学校进步力量较薄弱的情况下极易产生极端民主和工作无人负责的现象。因此，1951 年 9 月，省文教厅在学校试行校长负责制与教师责任制，取消三个委员会，成立教导处，实行教、导合一，改善民主管理。1952 年 2 月，派中共党员叶振汉接任校长。这样一来，党的领导在福州一中得到加强。三是提高教职员的思想水平。解放初结合各民主运动，教职员集中学习时事政治，学习土改和文教政策，学习社会发展简史，等等。通过这些材料的学习，对广大教职员起到政治启蒙的作用。1951 年，根据毛泽东关于在知识分子中进行思想改造的指示，全校教职员开展思想改造运动，到 1952 年暑期结束。这次改造学习运动是有成效的，不仅增进了教师对中国革命的了解，在政治上分清了敌我友，对一些资产阶级和小资产阶级思想进行了初步的批判。而且思想改造激发了教师的积极性，党在学校领导薄弱的状况基本克服，福州一中“正规化”工作随即全面展开。据省文教厅 1953 年 5 月对福建省中等学校——福州第一中学的调查报告记载：“叶振汉接任校长时，主要领导三反运动，对教学工作尚未深入具体领导。（1952 年）暑假中教师思想改造后，叶振汉调任福州师范学校副校长，派桑耘、陈君实为正副校长，林祖岳为教导主任（均为党员），建立党支部，学校行政领导力量大为增强，对于校政及教学工作的改革工作已初步获得成绩。解放四年来，学校四易校长、教导主任，至去年三反运动、思想改造后，加强了行政领导力量，掌握了教员政治思想情况，学校工作才逐渐走入正轨，开始创造经验，培养优良教师。”①

这份调查材料清晰地展现从 1949 年至 1952 年夏的福州一中。在纳入新中国教育的轨道中，当时学校工作的状况是集中力量加强党在

① 福建省档案 178—8—37 卷宗，本省中等学校调查报告，福州第一中学，1953 年，藏福建省档案馆。

学校中的领导。加之，这一时期革命运动多（土改、镇反、抗美援朝、社会主义改造等），教师处于忙乱状态，学校的正常工作没有展开。因此，在整体的办学设施以及教学状况上福州一中大体保持了1949年前省福中的概貌。

校舍方面。这一时期，学校的总占地面积（包括运动场、校园及空地）为20922.59平方米，有旧大礼堂即文昌宫（建于清末）一座，红砖教学楼（亦称“入德之门”、红楼，始建于1907年，1931年重建）15间，平房教室8间。① 另有音乐、美术、理化生实验室及阅览室，它们多为地盘狭小、容纳人少、光线弱的房屋；教职员宿舍分散四处，多为破旧民房；虽有男、女生宿舍供学生寄宿，但男生住于木质楼层内，年久日损，门窗地板大部分腐烂，学生上下楼都有震动。这一时期，未曾扩建有新的校舍，全校建筑基本为清末、民国时期所建，因使用年久，破烂不堪，常年需要修缮。

教学设备方面。这一时期福州一中教学设备缺乏。图书馆拥有3.6万余册的图书。其中1949年后新购的有6000余册，而反动书籍与报废的书籍就占2/3。理、化、生实验室在刚解放时仅有1间，管理人员1人，实验设备十分欠缺，仪器多破烂不堪，不能使用。如生物学科只有一架显微镜且零件不全，根本无法进行实验。即便是这样的理科实验室“仍然要供应本校学生及市区其他学校学生实验”②。当时为了学生实验，常由任课教师带学生到省科学馆上课，每学期去两至三次。1951年由于福建省科学馆工作性质的改变，由科研改为科普，“省科学馆移给福州一中物理器材131件（其中天平4架，其他较贵重仪器如手摇发电机等16件）；化学仪器百余种，药品478

---

① 福州一中校舍修建情况史志资料卡片，见福州一中校史办。

② 福建省档案178—8—37卷宗，本省中等学校调查报告，福州第一中学，1953年，藏福建省档案馆。

种；生物仪器标本31件”[①]。经过一段时间器材及人员的添置，至1952年桑耘、陈君实等派校干部来校，学校理、化、生三科各有了一间实验室。

师资与教学状况方面。1949年前的省福中是名师荟萃之地。教师多是本科毕业，来自北师大的较多，也有留学生，颇受学生尊重。中华人民共和国成立之初，国家百废待兴，各类人才奇缺。为照顾国家大局，当时从福州一中调出，去任教授、讲师、高级工程师等要职的有9人之多。如，黄缘芳任复旦大学数学系教授兼系副主任，吴逸民任华东师大数学系副教授，高不危调福州市建筑任高级工程师；王志恒调华南师院英语系任教授；傅祖德调福建师院地理系，等等。这些教师都是福州一中的教学精英。当时学校只好从本省极为薄弱的高师中分配来少量专科学生，同时增补相当部分的高中毕业生和短训班学员以缓解师资紧缺的状况。陈君实对这一时期的师资队伍状况回忆道："以我校当时的数学教研组为例，除被调走的教师外，无一数学本科毕业生，仅有的一位本科毕业生系从化学系毕业后转任，直到1954年暑期，才分配来一位数学系提前一年毕业的本科生以应急需。"[②] 因此，经过调整之后的福州一中师资队伍，虽有一些高水平的教师，但总体而言，是良莠不齐的。教学上，教师们更多的是承袭1949年前的教授方法。尽管在1951年，实行教导合一，试行《中学暂行规程》的教学计划，成立了语文、外语、史地、自然学科（包括数、理、化、生物等科）、文体等学科教研组，但是教研组的设立有名无实，未发挥应有作用，教师自由化教学现象普遍存在。他们在教学上虽认真，但责任心不强，甚而没有备课就走上讲台搞“自由发

① 福建省档案178—8—37卷宗，本省中等学校调查报告，福州第一中学，1953年，藏福建省档案馆。

② 福建省档案178—8—37卷宗，本省中等学校调查报告，福州第一中学，1953年，藏福建省档案馆。

挥”；普遍存有教学目的不明确、不准确、缺乏共识等现象。教学计划不能得以彻底贯彻。教学手段也较单一，基本是“教师讲，学生听”，采用呆读死记的办法多。由于福州一中在招生上享有的优先录取权，因而生源素质好，虽然这一时期学校秩序不是很稳定，学生的社会活动多，但是，传统相袭的良好教风、学风，使学生们读书十分刻苦，成绩斐然。这可以从 1949—1952 年高中毕业生高考录取的情况显见。当时，第一届高中毕业生 308 人，升入高等院校 270 人，升学率为 87.66%。1953 年，实行全国统一考试，学校高中毕业生参加高考 89 人，85 人升入高等院校，升学率为 95.5%，名列全省第一。

（二）陈君实与 50 年代福州一中的发展（1952—1959）

如前所述，1949—1952 年夏的福州一中经过接管、改造，纳入了新中国教育体系。这一时期，党和政府着力进行以增强党的领导力量为中心的基本改造工作，这使学校大体保持 1949 年前的概貌。陈君实就是在这样的历史基础上，开始他对福州一中的改造、创新和攀登，把一所旧式的官办中学发展成国内一流的中学。

1. 派校干部与陈君实一进福州一中

中华人民共和国成立初期，中国共产党为巩固与加强对学校工作的领导，提高学校工作的质量，曾经从各地陆续选派一批党员干部（即派校干部）到中学担任领导职务。当时派校干部的条件有三个：高中以上的文化水平；有三年到五年的工作历史，且历史清楚；机关内的干部、科员、秘书年龄在 25 岁以上，作风正派的。① 按此标准，福建省从 1952 年开始选派干部。也就在这一年的 8 月，陈君实作为在战乱年代为数不多的受过完整教育的青年人才，被选派到福州一中

① 福建省档案 103—1—607 卷宗，省委宣传部关于中等学校派校干部工作情况的报告，1954 年，藏福建省档案馆。

担任副校长。据他回忆：到福州一中，纯粹是偶然的，原本他是派往福州九中担任校长一职的，但因派往福州一中的干部不能来，于是改为他与桑耘一起来福州一中主持工作。历史巧合为福州一中选择了陈君实——一位德才兼备、真干事业的中学校长。和大多派校干部一样，他未曾有过办学的经验，是受着党的重托去接管和改造学校的。因此，迫在眉睫的问题是怎样尽快由外行变内行，领导学校全面开展工作。这一点，他不折不扣地做到了，而且做得相当好。王永回忆道："他一到福州一中上任的第三天，就拎着一把凳子到教室听课去了，就开始显露出他的实践兴趣和领导风格。"① 他深入教室，深入教师与学生中去调查。深入调查的结果使他感到，福州一中这所古老的、福建省第一所的官办学校有其优良的传统，但需要改革，需要强化教学领导，建立新的教学秩序。于是他根据省委宣传部和教育厅领导的指示——教学工作是压倒一切的中心任务②，沿着正确的办学思想和教育方针所指引的方向，开展以教学为中心的改革。

在实行改革的尝试中，陈君实得到一同派校的校长兼支部书记——桑耘的支持。桑耘，1923 年生，1937 年在延安陕北公学学习，1938 年加入中国共产党，1938—1942 年任太岳区妇总会、妇救分会、县农会常委。1943—1945 年任太岳区县农会副主席、区党委会副书记。1946—1951 年任太岳区党委研究室秘书，平原省孟县县委宣传部部长。1951 年 10 月调任福建省福安县委副书记兼宣传部部长。1952 年秋调进福州一中。这位校长，作风踏实、经验丰富。初到福州一中时，正值她产后休假，于是，陈君实代她主持工作。陈君实回忆道："1952 年 9 月，福州一中开学了。校长兼支部书记桑耘同志正在休假，由我代她在开学典礼上宣布‘中共福州第一中学支部委员会现在

① 王永：《试论陈君实的办学业绩与实践理性》，未刊稿。

② 《福建省普通中学大事记（1949—1989）草稿》1991 年，未刊稿。

成立！’刹那间，大厅里响起热烈的、经历不息的、雷鸣般的掌声。这掌声、这目光是对党的诚挚景仰、信赖和期待；这掌声、这目光，同时撞击着我的心扉，让我永铭于心。”① 正是这掌声、目光，鞭策着陈君实努力地工作，而桑耘这位有心人，当她通过认真观察，确信陈君实做得对并且认定他能够担当重任时，就非常放手地让他施展才干，她自己则在那里掌舵。这样，陈君实倡导的一场教学改革不仅避免了不必要的干扰，而且顺利地进入了健康发展的轨道。在这改革的摸索中，陈君实实现了由外行到内行的转变。

2. 陈君实的主要改革举措

整个20世纪50年代，陈君实顺应时代潮流，以其敏锐的目光，着手开展了一系列的教学改革：组织全校教师学习凯洛夫《教育学》理论，以提高教师的教育理论水平；在全校范围内抓备课，组织教师互相听课，讨论研究问题，逐步建立了新的教学秩序，变自由化教学为规范教学，把教学变成系统的科学；加强师生中的组织纪律性，突出各种严格的管理制度，同时通过各种活动来培养教风与学风。② 在这些改革中，有些举措在1949—1966年的中国中学基础教育实践中是极富特色的。

（1）推行凯洛夫《教育学》，变自由化教学为规范教学

中华人民共和国成立之初，中国面临的国际形势是社会主义阵营与帝国主义阵营严重对立，帝国主义国家对中国实行全面封锁。为了建设新中国，迅速恢复和发展国民经济，毛泽东号召向苏联学习。1949年10月5日，刘少奇就指出：“苏联有许多世界上所没有的完全新的科学知识，我们只有从苏联才能学到这些科学知识，例如：经济

---

① 陈君实：《改造、创新、攀登》，未刊稿。

② 《校史·名山长·名校长选介》，见《巍巍福中　福建省福州第一中学校志》，1997年，第16—17页。

学、银行学、财政学、商业学、教育学等等。”① 在此之前，东北解放区即已开展了学习苏联教育经验的活动。

在这种形势下，当时翻译出版了多种苏联教育学教科书，其中影响最大的是当时任俄罗斯联邦教育部部长、俄罗斯教育科学院院长凯洛夫编的教育学。1950 年 12 月，人民教育出版社翻译出版了凯洛夫于 1948 年主编的教育学。1957 年，该社又翻译出版了 1956 年凯洛夫新编、冈察洛夫、叶西波夫及赞可夫协助编辑的《教育学》。此后，我国教育界的干部、教师曾长时间地、有组织地学习这本书，并将其作为开展教育工作的理论依据。凯洛夫《教育学》是联共（布）中央从 20 世纪 30 年代开始，针对 20 年代末出现的教育问题进行拨乱反正，使之走上正轨后苏联教育实践经验的理论总结，是 30 年代至 40 年代教育理论研究上的重要成果。它不仅指导和影响着一个时期苏联的教育实践，而且也影响到我国近 20 年的教育实践。凯洛夫《教育学》力图用马列主义解释社会现象，强调以唯物论认识论指导学校教学工作，建立苏联社会主义教育学的体系。它大量吸收了人类教育史上的优秀遗产，适应当时苏联社会主义革命和建设的需要。其中有许多教育基本思想，如学校的首要任务就是授予学生以“自然社会和人类思维发展的深刻而确实的普通知识”；“在全面发展的人的教育中，智育，即教养，应占第一位”；“学校首先以有系统的科学原理的完整知识武装学生”；教学是实现教育的基本途径；“学校的主要工作是教学，教学内容具体表现在教学计划，教学大纲和教科书中”，等等，这些都对缺乏办正规教育的经验的新中国起到积极的作用。

当年，陈君实带着一本凯洛夫《教育学》进福州一中，开始学习和借鉴苏联的教育理论与实践经验。他在全校教师中认真开展学习凯

① 中央教育科学研究所编：《中华人民共和国教育大事记（1949—1982）》，教育科学出版社 1983 年版，第 4 页。

洛夫《教育学》的活动，更新教育观念，改变旧教法（即自由主义教学倾向）。可以这么说，陈君实在透视福州一中现有教学存在的问题后，把对凯洛夫《教育学》的深层理解即如何在学校进行系统的知识传授融会贯通了。因此，他以各科教研组为依托，大力抓备课。朱以南回忆道："陈校长强调'实施在个人充分准备的基础上的集体备课'。要求根据教学大纲、教材内容和学生的具体表现撰写教案。并提出没有教案不能上课。我在建国前教过五年的书，当时像我这样初出茅庐的教师，即使备了课也要装着不备课，以免被人耻笑。建国后在别校教了四年的书，也有教学计划、教学登记之类的，但像福州一中这样严格，要求'三备'（大纲、教材、学生）在集体备课的基础上制定详细的教案却是没有的。"① 孙贤照回忆道："陈校长到校后，首先是了解教师队伍的基本情况，然后提出认真备课的要求。体育组的工作必须前一周向他汇报，经考虑或有所改正后列入学校工作日程。要求体育教师写好教案交给组长审阅，同意或部分修正后盖章，才能据此上课，这种认真负责的严谨教风一直延续，也对福州市中学体育教学工作起了积极影响。此外，我在福州一中翻阅档案时意外查寻到一份当年体育教师杨仲范的教学课时计划。内容记录有授课年级、日期、目的要求、教具、复习检查、教材内容与教学过程、备注及课后检查等，整个课时从复习到导入新课到课后总结，都有具体时间分配，课堂环节极为规范，教学目的也十分明确。"可见，陈君实在福州一中比较成功地借鉴苏联的经验。他抓备课的最大成果是使各科有了明确的教学目的和要求，把教师自由化教学改变为规范化教学，加强了教学内容的科学系统性，新的教学秩序建立了。对于学校教学状况的重大变化，黄筠深有感触地说：抓备课，在个人充分准备的基础上参加集体。"择其善者而从之，以长补短，互相研究，互相

① 朱以南：《50年代风雨中陈君实校长》，未刊稿。

学习之风”慢慢培养起来。“一扫过去文人相轻，各执己见、各自为政的恶习。”①

陈君实认为，一个称职的领导不仅在教学方面应该是内行，而且要实践，所以他一直兼教政治课，有时也为请假的教师上语文、数学课。因此，能有机会长期蹲点语文、数学教研组，与教师一起备课、听课，研讨教学上的各种问题，给大家具体的帮助，进行有启发的指导。这就让陈君实淡化了派校干部身份、很快地融合于教师中，树立了威望。

有一点值得注意，陈君实狠抓备课，变自由化教学为规范化教学，把教学变成系统的富有计划性的科学，既强调发挥教研组的集体力量，又强调要发挥个人的专长。他提倡定时举行教学观摩，教案互相交换传阅，教师间互相听课，互相学习。黄筠回忆道：“陈君实校长指导我们开展各种体裁的观摩课，这下子各人的专长、各人的聪明才智有发挥的机会了。善于教论文的、散文的、诗歌的、小说的、古典文的，真可谓八仙过海各显神通，我们的语文组从此兴旺起来了。每天大家都有好心情，高高兴兴去听观摩课，被听的人既紧张又兴奋，听完课讨论、评议。”② 通过观摩活动陈君实不断发现教学改革的先进典型，予以表彰，并加以推广。例如，物理教师林桐绰长期坚持记录并分析每节课的教学效果，不论同一教材教过多少遍，每次都重新备课，不断改进教学；数学教师林碧英善于针对不同接受能力学生制作难易程度不同的习题卡片进行因材施教；化学教师马秀发、陈明枝在加强学生分组实验提高学生动手能力上富有经验等。由于陈君实不断总结、表彰和推广这些经验，不仅各科教研组成为紧密团结合作的集体，而且教师逐步形成一种严谨治学、勤奋钻研、勇于创新、努

① 黄筠：《淡泊名利志存实远的陈君实校长》，未刊稿。
② 黄筠：《淡泊名利志存实远的陈君实校长》，未刊稿。

力提高教学质量的氛围。

（2）以师资为本，狠抓教师队伍的建设

陈君实从踏进福州一中的校门起，就意识到办学必须以师资为本。师资的水平代表了教学的水平，也决定教学质量的高低。他深入教室和教师中进行摸底调查，发现50年代初期由于部分优秀教师骨干被调离，教学水平参差不齐。

根据省教育厅1953年的调查材料，可以窥见福州一中当时教师水平的整体状况。全校54名教师，其中业务水平高、教学优良的5人。他们分别是教数学的林碧英、林景贤、教物理的林桐绰、教生物的邓碧玉、教语文的陈传忠；有一定业务水平，工作努力，可培养成优良教师的有12人，他们是教语文的李政齐、李植人、郑桂渝、黄筠、陈淇，教历史的丘师彦，教化学的马秀发，教生物的吴其瑗，教地理的游开平，教外语的魏锡动，教体育的杨仲范，教美术的林鸿翥；而业务水平较低的共有37人。[①] 这54名教师，从教师的教龄看，未满1年者6人，1年以上至5年者10人，5年以上至10年者13人，10年以上至15年者14人，15年以上至20年者7人，20年以上者计4人。如以5年以下的教龄计算有16人，占教师总数29.6%。就是这样一支教师队伍在当时还必须承担大量的教学工作量。以1953年为例，全校25班，学生1274人。教师与班级比例为2.16：1，与学生数比例为1：23.5。教师任课时数最多者达每周25小时。一般教师，物理化的教师平均每周担任18小时，文史地教师平均每周担任15小时，均须兼班主任教学小组长或其他职务，因此教师的工作负担重，既影响了教师教学质量的提高，又不利于学校的发展。

面对福州一中的教学水平状况，陈君实清楚地看到，现有的教师

---

① 福建省档案178—8—37卷宗，本省中学学校调查报告，福州第一中学，1953年，藏福建省档案馆。

队伍亟须提高教育理论和教学方法的素养。他开始着手师资队伍建设。

一是，他重用一批有真才实学的中老教师，如教物理的林桐绰，教数学的林碧英、林景贤，教生物邓碧玉，教化学的马秀发，教语文陈传忠、李政齐、黄筠、朱以南，教美术的林鸿翥等。在政治上信任他们，由他亲自联系并培养发展入党的骨干教师有马秀发、林桐绰、郑伟信、郭可泳等，其中，林桐绰在50年代两次被推举为市劳模，1960年还特邀出席全国工交群英会；在业务上依靠他们，这些教师都是本教研组的组长、副组长或学校中层干部。1952年陈传忠任教务处副主任，1954年被提拔为教务处主任，1954年林桐绰被提拔为教务处副主任，1956年被提拔为副校长兼教务处主任，同年马秀发、郑桂瑜也被提拔为教务处副主任。这些教师在教书育人上是第一流的。他们尽管有长期的教龄，但对教学工作仍然精益求精，常教常新，正如林桐绰当时常说的“教，然后知不足”，给青年教师和学生树立良好的榜样。

二是，充分发挥业务能力强的老教师的作用，对新教师进行传、帮、带。当时，新教师一般都和相对应学科的老教师结成对子，如语文组的陈志煊跟陈传忠，数学组陈肇和、陈巧英跟林景贤等，三年满师。具体的做法有：①组织教师学习教材，由老教师介绍自己对教材的体会，如数学教研组在1953—1954年间举办的教材讲座，对新教师帮助很大。②组织新教师听老教师的课，为此，全校有经验的教师的课都排在上午第一、第二节，好让新教师来听他们的课。同时老教师还帮助新教师备课，特别认真备好第一课，一般都先在教研组内讲解一次，经过老教师的共同研究改进后，再上课堂和学生见面（为着鼓励新教师勇于开课，新教师上第一课时，学生热烈鼓掌）。③根据新教师的业务能力和教学工作的要求，分别实行踏步跟班（如数学课，在一个班上代数、几何、三角，由一个教师教），和包班制（如数学课，在一个班上，代数、几何、三角，由一个教师包教）以便步步提高。这两种培养办法交互运用，教师既可成为多面手，胜任各年级的课程，又可成为专门家，对某一年级的课程与学生特点特别有研究，工作起来得心应手，效果良好。④及时总结老教师的成功经验。据统计，在50年代写成书面材料的共有189篇，在本省刊物发表的有47篇，在全国刊物上发表的有18篇。

三是，有意识地把培养骨干教师和培养新生力量相结合。各主要学科的教研组差不多都配备主要骨干、中层骨干和新生力量，以便更好进行梯队培养。对主要骨干的培养，让他们少担任一些课程，利用机会让他们外出参观，暑期到大学有关各专业听学术讲座。对于新生力量的培养，先让他们少上课，少参加社会活动和班主任工作，如上所述的配备强的骨干，以师徒关系的形式指导边学边教，稳步前进。

四是，自己开办学习班，提高教师知识水平。在推行凯洛夫《教育学》时，陈君实就亲自给全校教师讲解过《教育学》。1955年数学科开始实行包班教学（数学教师从只教代数或几何，改为教两门）为提高教师的业务水平，他让数学组组长林景贤，每周日为全组教师上代数、几何课。也是这一年语文实行汉语、文学分科教学改革，许多教师深感吃力，他请来福州市副市长、前协和大学中文系系主任、中国文学专家严叔夏开设古典文学系列讲座，共七个单元，二十多小时。对此，陈君实回忆道：“严教授采用中西比较法，把‘诗经’与‘莎翁作品’进行比较，讲解透彻，形象生动。我们教师获益良多，为新学年实施教材——汉语与文学分开打下良好基础。”①

五是，在生活上关心他们，如在生活物质上给予必要的照顾。陈君实这位外表严厉的校长，心肠却是热的。尽管当时经费不多，条件

① 陈君实：《改造、创新、攀登》，未刊稿。

困难，他还是想方设法保证教师们起码的居住和工作条件。1956 年贯彻周恩来总理《关于知识分子问题的报告》时，他从办学经费中挤出一笔钱，使每位教师都有一间 9 平方米的斗室，并且配备了藤床、书桌、靠背椅各一件。这间简陋的设施，在当时已是教师们生活和工作条件的一大改善。① 这样一来，教师们既有时间提高自己，又有条件更好地带徒弟。

通过上述一系列措施，福州一中形成了一支成熟的教师队伍，不仅拥有着一流教学水平的骨干教师，而且以这支队伍为核心，带出了一批年轻有为的教师，给教学的稳步前进提供了师资保证。

（3）扩建理科实验室，加强实验教学

理科实验教学是在陈君实大力倡导下，福州一中逐步形成的富有特色的教学。中国的理科实验教学始于近代，它是借鉴西方教育的一种直观教学方式。

应当说，持续两千多年的中国封建社会，基本上是以家庭自然经济为主的农耕社会，历代的官学、私学、私塾和书院是与中国社会的经济、政治、文化、科技水平相适应、以封建的伦理道德为主要教学内容的。这种教学内容只需要讲解、记诵，书写为主要的教学媒体与教学方式。② 与西方的自然科学教学不同，即使挂图、标本、模型之类的直观教具也不需要。隋唐以后，以考选士为主的科举制度使教育成为科举附庸，更强化了诵史读经、重经书、重人文、轻视科技的弊病。这种传统的惯性一直持续至近现代。在近代中国，受西方的压迫和自身的闭锁造成了落后。近现代教育者们为富国强民而上下求索，追寻着中国教育的出路。伴随着中国近现代每一次社会变革而兴起的教育模式，此起彼伏，不断冲击着古老的封建教育。无论是清末洋务

---

① 沈瑞其：《陈君实传》，见《中国现代教育家传》第七卷，湖南教育出版社 1988 年版，第 363 页。

② 田慧生主编：《中国教育的现代化》，云南人民出版社 1997 年版，第 221 页，未刊稿。

教育、新式学堂教育，还是民国时期的国民教育、军国民教育、实利教育、女子教育、帝国主义的教会学校等都将西方的社会科学与自然科学的教育内容输入中国传统的教育，使中国的封建教育从儒学独尊的时代向中西文化结合的时代过渡。但是，鸦片战争后，半殖民地半封建社会所孕育的政权纷争、更迭，极大地摧残着中国教育的新生。因此，即便在近现代的中国普通基础教育中注入了物理、化学、生物等相关的自然基础学科及实验的教育内容，不过是杯水车薪，根本无法得以完全的实践。

陈君实踏进一中校门不久，看到当时实验设施落后的情况，就一直在考虑着实验教学的问题。中学时代岳云中学的实验课给予他极大的触动和启发，他认识到对于一所励志改革的学校来说，扩建实验室是具有战略意义的。因为现代实验科学是建立在实验的基础上。

基于这个认识在党支部书记桑耘的支持下，陈君实行动起来了。“狭小的校园里，地点给挤出来了；他果断地节省了一切能够节省的行政经费，在他负责学校工作的整个时期，校领导办公室没有添置过一件新家具。与此同时，他最大限度地集中了学校的人力、物力、财力，扩充了物理、化学、生物实验室，还专门配备了业务素质相当高的管理人员和工友，同时发动教职员工自己动手制度教具。”① 对此，陈君实回忆道：中华人民共和国成立之初各行各业都急需大量资金投入来恢复正常的秩序，对于福州一中我们只能尽可能地去节俭一切开支，为了解决实验经费紧张的问题，当时甚至把师生每年勤工助学而来的1200元化粪肥收入全部用于购置实验。

福州一中是幸运的。陈君实极力倡导建设的理科实验室得到当时福建省教育厅厅长王于畊的大力支持。龚秋红曾提道：“由于陈校长重视实验教学，积极向上级请求拨款添置设备，得到王于畊厅长的支

---

① 沈瑞其：《陈君实传》，见《中国现代教育家传》第七卷，湖南教育出版社1988年版。

持，又采购了十多架进口显微镜（蔡斯）。生物实验室从四人共用一架显微镜到两人共用一架，学生动手能力得到培养。不久以后又添置数十架南京出产的显微镜，这时实验每个学生一架显微镜，大大提高实验教学的效果。”①

由于资金的大量投入，福州一中由1949年前只有一间且破烂不堪的实验室逐步发展起来，到50年代末60年代初，共新建、调整、扩建实验室10间，仪器室5间。“仪器设备从解放前的232件增加到现在的463件，其中物理科（不包括自制）计有1997件，化学科计有432件，生物科计有957件。”② 并设有专职的仪器管理人员2人分别负责管理物理、化学实验室，另有电工实验室管理员1人。以物理科的设备为例：电学部分有902件，光学部分有451件，力学部分的仪器有43件，分子物理部分的仪器223件，自制的各种教具200余件。

在陈君实的大力倡导下，福州一中重视实验室扩建，实验教学随之不断改进。解放初期福州一中教师并不重视实验教学，都认为“实验是可有可无的事情，有条件就做一些，条件不够，不做也没有多大关系”③。为了改变教师的原有观念，加强实验教学，陈君实鼓励少数教师在课堂中进行演示实验，按其说法是“先尝甜头后推广”。当这部分教师感受到实验可以帮助学生掌握知识，对提高课堂教学质量有很大帮助时，演示实验的做法开始在学校理科教学中推广使用。理科教师们认真按教学大纲规定的实验要求，进行以教师演示为主，重在验证的实验教学。马秀发回忆道：“当时书上有演示的，我们也千方

① 龚秋红：《信任、激励、指导》，未刊稿。

② 福建省档案178—16—37卷宗，福州第一中学调查材料附件之一，关于理科教学中实验工作经验，1961年，藏福建省档案馆。

③ 福建省档案178—16—37卷宗，福州第一中学调查材料附件之一，关于理科教学中实验工作经验，1961年，藏福建省档案馆。

百计地演示给学生看。那时很强调直观教学，比如，工业设备所制的化工原料，我们就用实验室设备制取。有一次，制作工业上用的浓硫酸需要‘五氧化二钒’，市场上采购不到，我们就直接写信给南京原永制化工厂求购，后来承蒙工厂惠赠了两瓶，我们终于能进行硫酸这一化工原料的制取了。教师们在长期实践中，看到了教师演示实验的不足，开始重视学生分组实验教学，以培养学生实验的基本技能、技巧，逐步地形成一套行之有效的保质保量的做法。他们根据教学目的，将教学大纲规定的实验加以适当必要的增加，应当学生实验的就让学生实验，应当由教师演示的必须演示，应当组织学生参观实习并且有条件做到，就想方设法组织学生到现场参观实习。据 1961 年教育部政策研究室主任张健所带组在福州一中进行的调查材料看，物理科，除照教学大纲的要求，让学生普通进行 35 次实验，教师演示实验 235 次，参观 9 次以外，还增加学生实验 13 次、教师演示实验 420 次、参观 17 次；化学科除按照教学大纲要求，让学生实验 71 次，教师演示实验 172 次外，还增加了学生实验 43 次、教师演示实验 42 次、参观 8 次；生物科除在校内进行实验外，还组织学生到农场学习，到农村人民公社参观，到医院去参观尸体解剖，到农业展览会和动物园参观，看有关的科技电影等。”① 由于经验积累，实验目的明确，在 50 年代福州一中的实验教学不仅效果增强，而且率先实现从教师演示实验为主到教师演示实验、学生分组实验并重的教学方式重大转变。

这里，有一点必须强调，如果当时离开了完备的实验室与实验仪器的物质保障，那么福州一中这种教学方式向分组实验教学的转变就根本无法实现。因此，陈君实在福州一中大力扩建理科实验室，加强

① 福建省档案 178—16—37 卷宗，福州第一中学调查材料附件之一，关于理科教学中实验工作经验，1961 年，藏福建省档案馆。

实验教学的做法，在当时代是极有远见的。在当时的福州一中，教师充分发挥学生的积极性，尽可能让学生多看、多动手，并采取了不少措施，如分批分组做实验，开放实验室和简单实验进班；加强学生在实验中的独立活动，让学生自己设计实验步骤方法、安装仪器、配制药品、设计实验报告；举行实验展览，布置实验环境；开展科技活动及其他课外活动，等等。

为保证实验教学的质量，陈君实为实验室配备业务素质高的管理人员，让他们制定实验室十规则，即①上实验课，学生应了解当课的实验目的，步骤及注意事项，听从教师指导；②在实验室内应专心听讲和实验，不得谈笑喧哗，扰乱实验秩序；③应在教师指导下使用室内仪器及存品，不得乱动或任意调换；④药品、仪器、标本应爱护节约，不得浪费，如有损坏，应立即报告教师；⑤实验结束时，应将仪器整理清楚，排列整齐；⑥仪器破损，除特殊情况以外，应照价赔偿；⑦任何仪器药品，不得私自携带出室；⑧不得随意移动课椅桌，课后应将椅子放在桌底下，不得乱抛纸屑；⑨学生如要借用实验室活动，须经管理员同意，活动后必须将实验室整理清楚；⑩注意实验安全，使用有危险性药品或易燃试剂时，要特别慎重处理。这些规则让实验室管理变得科学规范了。

为让学生学会掌握实验的基本技能、技巧，学会观察、思考、分析、推断这些最基本的科学思维方式，陈君实和理科教师商议后决定，对学生提出了六项具体的要求："一是学生实验不合要求的重做；二是高年级的实验报告要求学生自己写；三是每天下午实验室开放，让学生练习；四是教师要给学生布置实验作业；五是考试时要有实验方面的题目；六是实验的技能技巧列为经常检查的项目之一。"① 这

---

① 福建省档案 178—16—37 卷宗，福州第一中学调查材料附件之一，关于理科教学中实验工作经验，1961 年，藏福建省档案馆。

六项要求的实现，不仅是学生实验项目的增加，而且是实验质量的全面提高。理科实验教学成为福州一中这所名校的新特色。

（4）深入细致地培养优良校风、学风

陈君实从一开始就意识到，福州一中作为以教学质量高而闻名的百年老校，有其一脉相承的优良校风，它应该成为新中国福州一中的教育资源。随着教学改革的逐步开展，他更迫切地感到一所好的学校优良学风的重要，因为只有良好的氛围环境才能培养社会主义的栋梁之材。而风气的养成要从低年级开始，从起始年级开始。从 1953 年开始，他有意识在校内大抓新生入学训练。新生进校组织他们熟悉环境，参观实验室、图书馆，对他们进行学校传统和学风教育，并且让高中年级的学生担任低年级的辅导员，使新生一进校就受到感染，产生光荣感和责任感，自觉地养成勤奋好学的学习习惯。① 为了有一个好的开始，他还选派业务能力强的教师加强初中阶段的教学，让学生们进校就有可能养成对学习的爱好，养成好的习惯。同时，他也通过各种严格的规章制度来帮助学生习惯养成。我在翻阅福建省档案馆关于福州一中学校各种规章制度的文件时发现，50 年代学校专门针对学生的就有 7 个：《课堂纪律的规定》《有关学生学习的规定》《考试规则》《实验室规则》《图书馆借书规则》《关于校外参观的规则》《运动场规则》。制度执行起来是严格的，学生的遵守也是自觉、主动的。对此，黄筠回忆道："上课时有一种无形的纪律……（学生）注意力高度集中，不管教室外发生什么事，他们都不会向窗外看一眼。""考试时更是严肃，最重要的是平时教育学生明确学习目的，考试要以自己真正的好成绩向党汇报，所以临考时他们能正确对待，既不左顾右盼，更不会作弊，认为那是可耻的。""学校还倡导'静静自修室'，当时大多数学生是寄宿，住在附近的学生也喜欢来校自修。因

① 沈瑞其：《陈君实传》，见《中国现代教育家传》第七卷，湖南教育出版社 1988 年版。

此，大家都早早来到自修找个好位子。一到晚上一排排教室灯火辉煌却静悄悄的像一座宝城。当你踏进教室，只见黑压压的一片，座无虚席。”“至于各科作业，实验报告都有严格的行款格式的规定，作文是综合性的作业，要求卷面整洁，字迹端正，不合规格的一律重抄。数学作业要求每一学期的装订成册，到三年高考总复习时便于温故知新，总结心得。”①

正是长期不懈的贯彻执行与培养督促，“勤、严、恒、钻”的优良学风在福州一中蔚然成风。

3. 陈君实改革的成效

陈君实在50年代福州一中的改革，是在继承福州一中优良传统的基础上，围绕教学这个中心环节进行的。他借鉴苏联教育经验，变自由化教学为规范化教学；扩建理科实验室，加强实验教学，将中国传统教育重人文的学习转向重视自然科学发展的学习；以发展的眼光，着力建设一流的师资队伍，等等，使历经百年风雨沧桑的福州一中在社会主义新中国发生崭新变化，走入历史最辉煌的时期。

校舍方面。如前所述解放初期，福州一中的校舍仅有红楼一座，破平房、礼堂等，年久失修，破烂不堪。50年代，为了确保教学的开展，陈君实致力于校舍的改善。作为福建省直属的重点中学，在省委、福州教育厅的关怀下，学校得到很大发展。1952年成立修建委员会，建成木构大膳厅一座（可容师生300人用餐，有时全校性集会、文艺晚会、演讲比赛亦在此举行）、砖构厨房一座，同年购东街打铁同七号，面积捌分贰厘柒毫；三牧坊四号、贤南路十九号空地面积四分四厘柒毫。1953年夏在校东北陬靠卫前街处建起一座三层砖木结构之教学楼，建成后始称“五四楼”，大部分作为初中教室和少数教研组。1957年拆除西舍木构卫生宿舍，建筑面积1424.32平方米

① 黄筠：《淡泊名利志存实远的陈君实校长》，未刊稿。

三层砖木结构学生宿舍一座，建成后称“三号楼”。1958 年拆除平房图书馆，在“红楼”前，“五四楼”的两侧建造一座三层砖木结构之综合楼，其平面呈凸字形，外墙青砖勾缝，建筑面积 2174 平方米，因工程神速，并与所处时代吻合，故称“跃进楼”。底层为办公室、教研组，二、三层为阅览室、图书馆。1959 年拆除西舍大膳厅东侧二层木构楼房的女教师宿舍，改建成平房 22 间的女生宿舍，后为教师宿舍。同年将靠贤南路旁的“四号楼”，从二层加高成三层楼房，底层是校办工厂，二、三层为教师宿舍。① 经过扩建、修建到 50 年代末 60 年代初福州一中的校舍面积由解放前的 4998 平方米增加到 11665 平方米，除全部翻修过的红楼、女生宿舍、东房、汤房外，其他跃进楼、五四楼、厨房、膳厅、男生宿舍都是新建的。

教学设备方面。到 50 年代末 60 年代初，福州一中图书馆由解放前 23097 册增加到 48720 册。仪器室和实验室由解放前的一间扩充到 15 间，其中实验室 10 间，仪器室 5 间。仪器设备由解放前的 232 件增加到 60 年代的 4630 件（不包括自制仪器），具体情况如下：化学室药品增加 200 多种（总共 310 多种），常用玻璃仪器例如试管、烧瓶、烧杯、酒精灯大部分都是解放后增添的；生物室，添置多种教具模型 2212 件，其中放大 1600 倍的显微镜 16 架，放大其他倍数的 8 架，共计 14 架，切片机 1 架，人骨骼 2 个，并能进行分组实验；物理室，仪器添至 1300 件，其中电学 535 件，光学 254 件，声学 70 件，热学 165 件，力学 300 件，电子管 80 个。由于陈君实重视课堂教学尤其是理科实验教学，50 年代学校的其他经费开支总是力求节约，而教学上需要仪器设备，总务部门总是千方百计地采购，也正因此，加上省教育厅的重视，到 50 年代末福州一中仪器设备大为充实，为

① 《巍巍福中·总务》，见《巍巍福中　福建省福州第一中学校志》，1997 年，第 278—281 页。

保证教学质量的提高，创造良好的办学条件。

师资队伍方面。解放初期福州一中有教师53人，经过陈君实较长时间师资队伍建设后，到1959年教师增加到85人。从教师教龄看，未满1年者5人，1年以上至5年者28人，两者共计有33人，占总数的38.8%；5年以上至10年者25人，占总数的29.4%；10年以上至20年者24人，20年以上者计3人。与解放初比较，中青年教师队伍在壮大。从学历看，大学本科毕业的48人（其中1958年、1959年进校的就有19人），占总数的56.5%，专科毕业的27人，占总数的31.8%，与解放初比，教师队伍的学历层次也是有所提高的。这支队伍在50年代中后期不断有新生的力量注入，而且涌现有一批以林桐绰、林碧英、马秀发为代表的名师，为福州一中教学质量的稳步前进提供了基本保证。

教学质量方面。陈君实在实施改革的过程中，始终坚定认为“中学是打基础的阶段”。因此，他在全校范围内狠抓教学，狠抓基础课和基础知识的学习。由于基础抓得扎实，福州一中的教学质量稳定并持续上升，1957—1959年连续三年取得全国高考红旗，进入历史最辉煌的时期，成为众所关注的对象。1957年当福州一中第一次夺得全国高考冠军时，曾引起上海、江苏、北京等省市怀疑。经华东高教局同意，福建将该年福州一中及其他考区的160卷高考试卷调上海重新评卷，得出的结果是：福建“各科均能按标准答案评分，无较大的偏高、偏低现象，特别是数、理、化三科，但物理略有偏严现象”①。福建及福州一中全国高考成绩是完全信服的。这样，到1959年取得三连冠时，引来全国有20多个省、市教育参观团纷纷打着“学习福州一中，赶超福州一中”的口号来校取经，他们对福州一中的教学，尤其是理科教学质量显出浓厚的兴趣。“福一中的语文教学目的性很明

① 福建省档案178—12—10卷宗，本省高考评卷结果报告，1957年，藏福建省档案馆。

确，教学有重点；教学方法多样，虽然教师一般采用串讲，但掌握各个教学原则很好。”“福一中学生的数学质量很高，重视基本概念，能抓住重点。关键问题交代得很清楚，更突出的是能够很好联系旧课，进行反复的复习巩固工作，教师对学生的了解很深入，辅导工作也做得好。”“福一中数学平均成绩达 90 分以上真是惊人。”“一中的物理教师不但重视自己的演示实验和学生的一般实验，而且有的实验性作业，让学生做实验设计；平时把实验室开放，让学生实验，考试时也有实验题。这些都是我们所没想到的。”“对福一中的实验仪器有配备和实验室的布置陈列感到非常满意。一个学校有四个物理实验室，三个化学实验室是很齐全的。”① 这些都是对福州一中教学质量中肯的评价。1960 年国务院授予福州一中“全国文教系统先进单位”称号。

这里，有一点必须指出，福州一中能走入历史发展最辉煌的时期，时任教育厅厅长王于畊功不可没。王于畊，早年就读于保定女子师范学校，抗战初投身革命，是新四军有名的才女。后与中共著名将领叶飞结为伉俪。1949—1966 年，叶飞任省委第一书记兼福建军区司令员，主持福建工作；王于畊亦长期任福建省教育厅厅长兼党组书记。王于畊可贵之处在于她对教育事业的执着追求，始终把福州一中当作自己的实验田。她说：“一中必须千方百计办好！”“要有勇气同任何国家的任何中学比试一下。”② 正因为如此，她经常深入福州一中了解情况，发现问题，及时加以解决。马秀发回忆说：“作为厅长，王于畊没有领导架子。她常常是不打招呼就和省教育厅中教处的同志走进一中的教室听课。当时教育部和教育厅试行的许多制度措施，她都先以一中作试点，然后在全省推广。”正因为如此，从 1957 年开始，不仅福州一中的成绩在全国名列前茅，而且福建省中学教育也进

① 福建省档案 178—14—87 卷宗，接个与外省教育参观团工作简报，1960 年，藏福建省档案馆。

② 王于畊给陈君实的信，1980 年 6 月 9 日，藏陈君实宅。

入全国先进行列。

4. 陈君实调离福州一中

随着1956年社会主义改造基本完成，我国开始进入探索社会主义建设的新时期，然而，从1957年6月开始，反右派斗争严重扩大化。10月的八届三中全会毛泽东改变了八大关于国内主要矛盾的正确提法。1958年春发动了全国范围的“大跃进”运动。8月又在农村掀起人民公社化运动。与之相应，文化革命、教育革命接踵而来。这样，以高指标瞎指挥，浮夸风和共产风为主要标志的“左”倾错误严重地泛滥开来。

在这一形势下，1958年9月，中共中央和国务院发布了教育工作的纲领性文件《关于教育工作的指示》（后文简称《指示》）。《指示》总结了中华人民共和国成立以来教育工作的“成绩是主要的”，但是“在一定时期内曾经犯过教育脱离生产劳动、脱离实际，并且在一定程度上忽视政治、忽视党的领导的错误”。提出“党的教育工作方针，是教育为无产阶级的政治服务，教育与生产劳动相结合；为了实现这个方针，教育工作必须以党来领导”。《指示》以“反对右倾保守和教条主义”为基调，提出“调动一切积极因素，鼓足干劲，力争上游，多快好省地扫除文盲，普及教育，培养出一支数以千万计的又红又专的工人阶级知识分子队伍，是全党和全国人民的巨大的历史任务之一”①。这个文件的颁布致使1958—1960年教育界发生了很多重大的失误，如学校大办工厂、大炼钢铁，甚至以劳动代替教学，教学秩序完全被打乱，教学质量普遍降低。在思想、学术领域大批判与教育革命“大辩论”，大大挫伤了广大知识分子的积极性，影响了学术思想活跃和发展，等等，给教育事业带来巨大的冲击。

蜂拥而至的政治运动，使一向“视教育规律和正常教学秩序为学

---

① 《中华人民共和国教育大事记（1949—1982）》，教育科学出版社1983年版，第231页。

校生命线”的陈君实处于两难的境地，凭直觉感受到越来越大的压力。一方面他觉得党的方针必须贯彻实行。

另一方面，他又隐隐觉得这种做法不符合教育规律，认为“教育方针肯定会提高质量，但在短时期内劳动搞那么多，会降低质量”。“党的教育方针提出调动一切积极因素，鼓足干劲，力争上游，多快好省地普及教育，我认为这要在实际工作中贯彻，我们必须准备十年廿年，踏踏实实地工作，埋头苦干，来掌握教育工作的客观规律。”①他尽可能缓冲政治对福州一中教学秩序的干扰。1959 年被调到漳州师专任教务主任。

就在陈君实离开福州一中不久，1959 年底到 1960 年初，全国各教育参观团来福州一中参观取经。1961 年 1 月，康生视察福州一中。3 月，教育部政策研究室主任张健带领工作组来福州一中，全面总结建国 12 年学校办学经验，历时两个月，写出关于《福州一中执行党的教育方针，提高教育质量》的调查报告。②《光明日报》《中国青年报》也都相继作报告。然而，这一切的荣耀都与陈君实擦肩而过。

（三）陈君实与 60 年代福州一中的发展（1962—1966）

1. 福州一中教育质量的滑坡与陈君实二进福州一中

1960 年 1 月，陈君实调离福州一中。省教育厅对福州一中的领导班子重新做调整，指派任党支部书记王贻珠兼代校长，崔胜先任副校长。王贻珠，苏州中学毕业，原省教育厅干部处科级干部。1958 年陈君实调反地方主义学习班期间，曾代理福州一中学校工作，1959 年 2 月正式调任学校党支部书记，以加强福州一中政治思想教育。

---

① 福建省档案 101—9—278 卷宗，关于陈君实同志的错误事实，1959 年，藏福建省档案馆。

② 福建省档案 178—16—37 卷宗，福州一中贯彻教行光的教育方针，提高教育质量的基本经验（修改稿）1961 年，藏福建省档案馆。

但福州一中并没有达到理想的办学目标，甚至成绩有所下滑，身为教育厅厅长的王于畊，比谁都关切福州一中这块“实验田”的命运。她开始深入地思考着“左”的干扰对学校造成的失误，她意识到陈君实没有错。1962年党根据七千人大会的精神，发出《关于加速进行党员、干部甄别工作的通知》，她当机立断地做出决定，并经领导批准，亲自为陈君实平反，重新任命他为福州一中校长。陈君实回忆说：“这次重返福一中，我发现，经过五十年代办学的磨合，王于畊厅长对福州一中事业发展的看法，跟自己多了沟通和共识。当时只要是福州一中的事，我随时都可以无须约定的去找她。”事实上，也正是王于畊强有力的支持，尽可能为福州一中创造一个宽松、开明的发展空间，让陈君实在其后短短的四年里做了许多富有远见的改革举措。

2. 陈君实的着手整顿与改革实验

陈君实的这次返校，适逢党和国家在各条战线上对1958年“大跃进”以来的错误进行经验教训的总结。由于“左”的错误，1959—1961年我国国民经济发生严重困难，1960年冬以后，根据中央的决定，对国民经济实行“调整、巩固、整顿、提高”的方针，初步总结了“大跃进”的经验教训。教育界也同时开始贯彻调整的方针，总结经验教训。1961年1月，中共中央八届九中全会以后，教育界“大兴调查研究之风”，总结我国教育工作正反两方面的经验，先后制定了三个教育工作条例，即《高校六十条》《小学四十条》《中学五十条》。《全日制中学暂行工作条例（草案）》（简称《中学五十条》），于1961年9月开始草拟，1963年3月经中共中央批准试行。该条例分为八章，包括总则、教学工作、思想教育、生产劳动、教师、体育卫生工作、教师行政工作、党的工作和其他组织工作，明确规定了社会主义的德育方针、学校任务，强调中学基础教育性质及其意义；规定学校以教学为主，课堂教学是教学的基本形式，提出因材施教，高中可根据条件开设选修课；重视思想政治教育，明确教育的任务，注意青少年特点；明确中学生产劳动的目的、要求、内容、形式，对不同年龄阶段参加劳动的时间作了规定；重视体育卫生保健工作；强调教师的根本任务是教好学生，学校教育必须依靠教师，贯彻知识分子政策，团结、教育、关心、培养教师队伍；规定校长的职责；各级党委要加强党的领导，学校基层党组织对行政工作有保证和监督的责任。总的说来，上述条例既肯定了中华人民共和国成立以来教育建设的经验，又有纠正错误倾向的针对性，尤其是恢复了许多在教育工作中行之有效的措施，如学校以教学为主，课堂教学是教学的基本组织形式，教师起主导作用，教师的主要任务是教好学生等，它对恢复和建立正常的教学秩序，把学校教育改革向前推进了重要的一步，对提高教育质量起了积极的作用。然而，条例的特点决定了条例的命运，它隐含着一种危险，一旦“左”的气势上升，条例必将成为批判的对象。①

陈君实正是在这样的历史条件下，开始他以第二次办学，尤其是《条例》的颁布让他在办学道路上有章可循，有法可依，尽其所能地扫除办学上的障碍。如果说陈君实一进福州一中办学更多的是在外行到内行的摸索中走过来的，那么二进福州一中办学，则更具备了办学的理念与自信。这次重返福州一中，他确定目标，放眼世界，让福州一中成为国际第一流的中学。凡是60年代在一中待过的师生都能清晰地记得陈君实常说的一句振奋人心的话：“我们要有自己的伊顿公学！”伊顿公学是英国著名的学校，以强调严格与权威而享誉盛名，这所学校对英国的历史与社会都有影响。英国就有所谓“想当首相，就上伊顿公学”“滑铁卢之战是在伊顿公学的运动场上打赢的”之说法。

① 金一鸣：《中国社会主义教育的轨迹》，华东师范大学出版社2000年版，第289页。

为实现这一理想目标，陈君实在着手恢复福州一中优良传统和教学秩序的同时，调动多方面积极力量创造和改善办学条件，短短四年，主持福州一中开展了各项教学改革试验。

（1）着手整顿，恢复传统教学秩序

按照“调整、巩固、整顿、提高”的方针，陈君实着手整顿60年代初以来受到极大破坏的教学秩序。

第一，恢复50年代一套行之有效的教学措施。为了从基础抓起，从低年级抓起，把一些责任心强、教学优秀的教师如教语文的陈日亮、教英语的黄维申、教数学的王永从高年级抽调到初中起始年段，督促学生学习习惯的养成。

第二，恢复一度被忽略的课外活动，营造宽松自由的校园。在陈君实推动下文科的三牧文社、理科的无线电兴趣小组、生物兴趣小组等重新开展活动，冷寂的校园活跃起来。这些课外兴趣小组的活动丰富多彩，尤以三牧文社最为突出。三牧文社，在陈君实的积极倡导下，于1955年由语文教研组成立，是中华人民共和国成立后福州一中第一个，也是校内外颇有名气的课外兴趣小组。文社在朱以南老师指导下，引导组织学生从事文艺学习、写作、评论等活动。据朱以南回忆：“文社举办过许多中外名著的讲座，作过许多新书的介绍和推荐，也采访过省文联创作组、福建日报社，访问过工人作家，还举行了全校性师生联合演出的朗诵晚会。”① 文社分诗歌、散文、小学、戏剧四组，平时以学生自己学习、讨论、创作为主，有自办刊物《菡萏》。1962年，陈君实重返福州一中，在他的再次倡导下，三牧文社复办。在陈日亮老师的主持下，文社不仅恢复自由活跃的气氛，而且办得更有水平。学生的自办刊物写了许多非常出

① 资料来源福建省档案178—23—46、178—23—51卷宗，省重点中学经费支出决算表，藏福建省档案馆。

色的文章，培养了许多文艺爱好者，有的把文艺作为终生的爱好和追求。

第三，严肃组织纪律性，依据《中学五十条》在恢复50年代规章制度的基础上重新作出一些更为严格的规定。如学生注册必须随带英、汉字典各一本，无故旷课累计达到18学时的一律退学，对考试中的基本错误从严扣分，不予及格等。制度执行十分严厉。在陈君实看来，制度面前人人平等，绝不许有任何人徇私枉法。

严格出效率，经过陈君实行之有效的整顿，福州一中传统教学秩序恢复，学校管理进一步加强，并更加有节奏地运转了。

（2）建全国一流理科实验室，转变理科实验教学手段

60年代的陈君实更加注重实验教学的建设。他一如既往地将学校办学经费向理科实验的建设倾斜。据统计，1962—1965年间，学校共投入2.9239万元用于理科设备的购置，占这几年学校设备购置总额的近1/3（详见表1）。同时，在省教育厅的大力支持下，1963年将建校以来一直沿用的大礼堂（文昌宫）及礼堂西后侧的校长家、化学、物理、生物实验室、体育组、服务部、教师宿舍、三牧坊门房拆卸，于1964年6月动工，1965年9月在全国率先建成崭新的教学实验大楼——鸣阳楼。鸣阳楼的建成是颇费周折的。陈君实回忆道："1964年，省厅决定给我校建设新的教学实验综合大楼5200平方米，其中实验室占2400平方米，无奈高层意见分歧，主持建筑领导受到公开批评指责，幸而王于畊厅长据理力争，在许亚副省长鼎力安排筹措下，大楼终于1965年9月开学前投入使用。"① 这栋教学实验楼共投资47.0563万元，以实验室众多，功能齐全，设备先进而著称。实验室内设施完全按照理、化科教师的要求执行。当时化学实验室7间，内有梯形演示实验室、分组实验室，及专供教师备课用的实验预

---

① 陈君实：《改造、创新、攀登》，未刊稿。

备室。这些实验室水电到位，并全部安装排气设备。化学实验预备室设有直通楼顶的毒气柜，实验桌面铺设楠木厚板、生漆涂面的耐大事台面。物理实验室9间，按光学、力学、电学安排多具特色的装置，为实验提供方便。① 这样的仪器设备与实验室配置，可以保证学生每两人合用一套物理实验设备，每人使用一套化学实验设备，生物实验每人亦可有一台显微镜，保证人人都有动手的机会。此外，大楼还开辟两间无线电专用活动室，可同时容纳100多位学生进行无线电收音机制作活动。

表1　　1962—1965年福州一中购置理科设备经费情况表②

时间	理科实验设备购置费（元）	学校设备购置总额（元）	理科设备购置费占学校设备购置费之比例（%）
1962年	3881.42	19568.98	19.83
1963年	14847.21	22018.94	67.43
1964年	6560.74	13848.45	47.38
1965年	3950.02	18796.38	21.01
合计	29239.39	74232.75	39.38

如果说50年代的实验教学更多的是强调以直观为主、教师教学演示为主，以学生实验为辅的实验课模式，那么60年代的实验教学更关注培养和提高学生实验能力和其他实际操作能力。陈君实着力扩建的理科实验室为加强学生实验动手的能力创造了必要的条件。在60年代，福州一中每个学生都有动手的机会，都能掌握扎实的实验操作技能。时任教师马秀发回忆说：当时许多上北大、清华的福一中学生

① 陈君实：《改造、创新、攀登》，未刊稿。

② 资料来源福建省档案178—23—46、178—23—51卷宗，省重点中学经费支出决算表，藏福建省档案馆。

返校都说学校的实验是一流的，是学校严格规范的实验让他们打下良好的基本实验技能，在大学他们甚至可以当教师的助教。60 年代福州一中的理科教学，陈君实在创造条件培养学生操练基本技能的同时，更加注重提高学生自主实验能力，开展课外探索式的实验活动。对此，时任教师龚秋红回忆道："陈校长对开展课外科技活动十分重视，他意识到积极开展课外科技活动是提高学生素质的重要途径之一，是学生获得知识和培养能力的手段之一。开展课外科技活动需要多种物质和设施的保证，是陈校长的重视，给予各方面的指导和支持，才能顺利开展。""60 年代困难时期，校长从资料中了解到小球藻含有蛋白，他立即转告我，要我进行分离培养。我向校长请求建一口藻种池（露天的），三口扩大培养池，每口 40 平方米，在校园内空地面积狭小的情况下，陈校长鼎力支持，克服各种困难为我建立一口藻种池，并在现在的鸣阳楼与凤谊楼之间的空地上建了三口扩大培养池。这样，在校长的支持下，小球藻扩大育种和培养才得到实现。经过一段时间的管理施肥，池内清水逐渐变成纯绿水。小球藻培养成功了，全校师生用小球藻水炖饭，并为家禽饲养提供高蛋白的饮料。这项活动也是由科技小组的学生如邱岗等负责培养管理的。"① 这种探索式的课外科技活动，不仅挖掘学生潜能，陶冶学生的科学探索精神，而且培养了不少科技人才，发明"851"的杨振华就是其中典型的代表。

（3）引入竞争机制，实行教师选留，培养业务精良的年青教师

60 年代的福州一中拥有的那批创造"三连冠"的骨干教师，不但年富力强，而且更加成熟。但是，要迈向国际一流中学，作为校长的陈君实感到拥有一支优化的教师梯队是办学不可或缺的必备条件。他必需选拔一批年青后备力量。

① 龚秋红：《信任、激励、指导》，未刊稿。

1962—1965年，在王于畊厅长的大力支持下，陈君实以“业务上”为原则在福州一中实行选留制，选拔培养有真才实学的年青教师。选拔的标准是：“①热爱社会主义教育事业，有献身精神和高尚情操志趣；②有较广泛的文化科学知识；③有健康体质。”① 这几条均是优良教师应具备的基本素质。以此标准，在60年代几年时间里，陈君实曾亲自到福建师院挑选了40多位毕业生。其中有些新教师的选用都是当时“左”的政治环境下在红专问题上颇具争议的。如，他挑选的数学系高才生吕则周在困难时期因涂改粮票而受过处分，另一位英语很好的毕业生陈巽懿则被认为生活作风比较随便，等等。对这些毕业生，陈君实有自己的看法：不以左的标准对人求全责备，重业务水平。正是他的独具慧眼，那些富有个性，有专长的年轻教师得到培养和重用。

新教师到校，陈君实即依照20世纪50年代狠抓师资队伍的经验，发挥老教师作用，建立师徒关系，以老带新。同时，把培养新教师的工作制度化，日常化，即常规性地实行试讲制、听课制、教师流动制。新教师到校，为上好第一堂课，课前必须试讲，由老教师评议帮助，方可上课。为保证教学质量，实行听课制，由校领导和教研组随时抽检，随时听讲。当时衡量新教师业务标准有三：一是教学态度如何；二是备课是否认真；三是授课语言是否规范、标准。凡经一至三年考察不适者，要调离学校。福州一中在20世纪五六十年代是当时师范毕业生最好的岗位。学校的规定，对新教师无疑是压力、挑战。时任教务处主任马秀发及职员康强对那一时期学校实行的流动制曾回忆：“当时福州一中对老师严格要求，语文教师普通话不准，乡音重的，就觉得不合适，外语教师语音不准确的，也觉得不适。福州一中老师在业务上比较不适应的都调走，这对留下的老师有压力，大

① 陈君实：《改造、创新、攀登》，未刊稿。

家都兢兢业业。”“五十年代后期，开始都从师院要最好的学生。师院的应届毕业生有工作一两年或两三年就调走的，主要是因为业务不行，业务是领导说了算，应届毕业生平时都是没日没夜地干。那些被认为业务不够的老师以支援山区为名义分流出去。”对此，时任年轻教师朱鼎丰感受颇深：“我一进入福州一中，就有一种透不过气来的感觉。”“对于那些不能胜任福州一中的教学的教师，则调到省内山区任教。1958 年入校的二十几位大学毕业生，几年后，只有五、六位硕果仅存。”① 可见，60 年代的福州一中已形成一种优胜劣汰的竞争机制。1962—1965 年短短几年，学校共挑选本科毕业生 48 人，同时经筛选调走 51 人（详见表 2）。应当说，福州一中实行的教师流动机制，在当时教育界首开竞争之先河，而这种机制在中国迟到 20 世纪末计划经济向市场经济转轨时也才全面展开的。

表 2　**1962—1965 年福州一中教师进出情况②**　单位：人

时间	1962 年 1 月	1964 年 2 月	1964 年 9 月	1965 年 10 月	合计
调进人数	23	17	3	5	48
调出人数	24	11	3	13	51

试讲制、听课制、流动制把培养新教师的工作制度化、日常化，收效是显著的。陈日亮对此深有体会，他说：“来校头三年在业务上提高得最快。”以后的事实也证明陈君实选用培养的这批年青教师是正确的。后来福州一中在教坛上有声誉的那些特级教师，语文陈日亮、物理朱鼎丰、化学任心琴、外语陈巽懿、数学陈肇和、李必成等，都是 60 年代被学校选用、培养的青年骨干。

① 朱鼎丰：《陈君实风格》，未刊稿。
② 资料来源：福州一中校史办 60 年代年度教师名单。

（4） 主持开展有声有色的各项教学改革实验

如果说，50 年代陈君实在福州一中推行凯洛夫《教育学》，倡导的教育改革主要针对的是教师的主导作用进行的，那么经过七年办学后的他对教学规律的认识更加成熟了，他认为：“教师的主导作用，就应该是主动地、合乎规律地调动学生学习的积极性和主动精神，只有这样才有教学效率而言。”① 因此，在 60 年代他有意识地鼓励教师研究学生，并在他亲自主持下，围绕着挖掘学生潜力这个目标，新的试验开始了。他抓教材改革；抓学制改革试验，试行四、二学制和三、二学制；进行文理分科教学，并在文科教学中，组织学生用两个月的时间到外地搞社会调查，在理科班教学课中增加 52 课时的微积分教学；他大力加强外语教学，果断地进行了一次成功的试验。② 在这些的改革试验中，以外语、数学及政治课的改革具有超前性。

外语科试验：陈君实把它交给一位刚毕业的外语教师林仁穆，让他在高中一个班中进行试验，使学生通过三年的教学，掌握 4000 字词汇，能读英文一般读物，用英文写短文。林仁穆的教学极为认真，他们建立学生知识档案的办法，进行有针对性的反复练习与辅导，效果显著。对此，王永回忆道：“当时，陈君实鼓励和支持一位初出茅庐的外语教师林仁穆，进行超越教学大纲的教学实验。经过一轮（三年）的教学努力，他的学生普遍掌握了 4000 个左右的单词量，多的达到 6000 个单词左右，高考平均成绩教研室 99.7 分。据学校教师评估，这批学生已达到大学外语系本科二年级的专业水平。”③ 试验能获得如此的成功，在当时是十分难得的。

数学科的单元教学方法试验：即以一单元为整体，由教师提出预习的目的、内容和注意事项，让学生自行阅读、演算习题、质疑。然

① 陈君实：《改造、创新、攀登》，未刊稿。

② 沈瑞其：《陈君实传》，见《中国现代教育家传》第七卷，湖南教育出版社 1988 年版。

③ 王永：《试论陈君实的办学业绩与实践理性》，未刊稿。

后由教师解疑释难，回答问题，培养学生独立思考、独立解决问题的能力。整个单元教学的过程由导学、自学、作业、讨论、精讲、质疑、测验和小结等八环节构成。“单元教学”与当时传统教学的显著区别在于不再把整章（单元）本来具有内在联系的知识系统，人为地分割为孤立的知识进行授课，在教学过程中都是以学生自学和作业为主，讨论、精讲、质疑等环节可以灵活交替共同进行。这种单元教学方式是对传统的课堂教学结构和模式的挑战，它需要教师改变自己的教学观念和角色。为了改革的延续性，陈君实把这种“单元教学”试点任务交给高一数学备课组。尽管这场始于 1966 春天的改革只进行了三个月，但是，它所具有挑战性与前瞻性是不可低估的。王永曾经这么评价这样超前意识的“单元教学”的试验：“值得注意的是在 80 年代后期，前苏联崛起的一个新的教育学派——‘合作教育学’，它积极倡导革新教学工作要点之一，就是‘进行大单元教学’。”①

政治科的改革试验：主要是如何进行政治思想教育的问题。陈君实对这项工作特别重视，他在和学生多次接触中，发现 60 年代的学生对党和国家的方针政策了解得很少，对社会发展的动力这一根本问题缺乏应有的认识，他思考着能否脱离长期惯用的说教的课本，用它种方式使学生接受社会发展史的教育。于是他想出一个办法，把高中生组织起来带到农村参加义务劳动，进行社会调查。据陈君实回忆，这种社会调查的灵感完全得益于书本上所崇拜的老师——中国著名社会学家费孝通与《江村经济》。1963 年初陈君实组织了高一、高二的五百多位学生到福州市郊马尾区八个生产大队，一边参加抗旱耕等义务劳动，一边进行社会调查。社会调查的主要内容有访贫问苦，查昔日的阶级剥削、当前的“阶级斗争”。对这项活动福州一中曾向福建省教育厅党组做过详细汇报，汇报讲“这次活动的主要特点是组织学

① 王永：《试论陈君实的办学业绩与实践理性》，未刊稿。

生走出校门，到农村中去，到群众中去，到实际中去，积极参加农村社会主义教育运动，参加群众会、干部会、讨论会，有的当记录，有的开展多项宣传活动；分散住在贫、下中农家里和他们共同劳动，谈谈心，交朋友，让大家接触了当前农村阶级斗争的实际，教导大家用毛主席的中国社会阶级的分析，去看看，去听听，去想想，然后得出自己的结论。”通过下乡劳动调查访问的学生反映是良好的，认为“这是最生动的课”，“是一生中最有意义的锻炼”。[①] 因此，这一做法立即引起省（市）、中央有关部门的重视。1963 年 6 月 5 日，《人民日报》在头版发表了福州一中的做法，并为此发表了题为《坚持不懈地好好组织学生参加生产劳动》的社论，肯定这一具体经验“为进一步贯彻执行教育为无产阶级政治服务，教育与生产劳动相结合的方针，组织学生下乡下厂参加生产劳动的工作，树立了一个范例”[②]。1963 年 11 月，《人民教育》为进一步在全国推广这一经验，又以福州一中的名义发表了题为《组织学生下乡劳动的做法和体会》的文章。中央的肯定给福州一中师生极大的鼓舞和鞭策。同年 12 月为了更深入地做好社会调查，学校再次组织学生下劳动，回校后进行交流、讨论。此后，开展社会调查就成为福州一中学生思想教育的必修课。应该说，陈君实在 60 年代所倡导的社会调查，一方面不能不受当时“左”的思潮之影响，另一方面又具有社会实践性之特点。

3. 陈君实的办学业绩

陈君实重返福州一中的第二次办学，是认真贯彻党的教育方针，努力探索社会主义办学道路的四年，也是瞄准“国际一流”，雄心壮志，坚持教育改革的四年。他以其远见与胆略为 60 年代的福州一中

---

① 福建省档案 101—3—181 卷宗，《关于组织学生下乡劳动，进行社会主义教育的情况报告》，1963 年，藏福建省档案馆。

② 《坚持不懈地好好组织学生参加生产劳动》社论，《人民日报》1963 年 6 月 5 日，见福建省图书馆。

留下许多宝贵的财富。

（1）保护了一大批的青年学生

60年代前后，福州一中作为全省最好的中学。不仅招收了许多福建省党、政、军负责人的子女，而且也招收了一批高分考入的出身不好的子女。陈君实力图一视同仁地对待这两类学生。他认为对待学生都要“掌握政策、详细工作、典型引导、重在表现、共同进步”。对出身好的学生，特别是高干子女，陈君实在一定程度下压抑他们的优越性，将他们引导到学习文化知识上。

对出身不好的子女，陈君实是尽力地保护。当时高中毕业生实行政审制度。先由毕业班班主任为每一位学生写评语，评语包括政治态度、学习水平状况、生活作风及政治结论。其后，由学校政治处干部党支部委员等组成专项小组，根据班主任评语进行政治审查以决定学生高考录取与否及录取何种专业。对于那些出身不好的子女还要重点考察他们是否与家庭划清界限。因此班主任的评语往往对政审起到至关重要的作用。出身不好子女读大学的可能性往往系此一线。对这一线，陈君实紧抓不放，他要求高三毕业班班主任写评语“要慎重、要辩证，要有发展的眼光”。对出身不好的拔尖学生，陈君实更是悉心呵护。他尽可能打破“唯成分论”，为他们创造和其他学生一样的发展空间。他要求各班主任“对待成分不好的更要关心”，他说“这是我们与资产阶级争夺青少年”①。因此，当时的福州一中共青团工作十分注意吸收家庭出身不好，但学习好、能力强的学生。在1963年甚至出现全校18个团支书中，有6个家庭出身不好的，只有3个是表现好家庭出身好的现象。为此，陈君实后来在社会主义教育运动中被罗列上“贯彻党的阶级路线上的认识不清，贯彻不力”的罪名。而

① 福建省档案178—24—490卷宗，福州一中教室对学校领导同志的意见，1965年，藏福建省档案馆。

正是这些做法，在当时保护了相当部分的青年学生。

（2）形成了一支福州一中历史上老中青搭配合理的优秀教师队伍

经过60年代对青年教师的引进与培养，教师学历结构发生了巨大变化（详见表3）。据档案统计，到1965年福州一中在校教师93人，其中本科学历73人，专科学历16人，高中学历4人。

表3　**20世纪40—60年代教师学历结构**①　单位：人

时间	在校教师总数	本科学历	占教师总数百分比（%）	专科学历	占教师总数百分比（%）	高中学历	占教师总数百分比（%）
1943	45	33	73.33	6	13.33	6	13.33
1949	56	36	64.29	9	16.07	11	19.64
1956	68	34	50%	23	33.8	11	16.18
1959	85	48	56.47	27	31.76	10	11.76
1965	93	73	78.5	16	17.2	4	

在这支队伍中，涌现出一批以林桐绰、林碧英、马秀发等老教师为代表的名师，并带领了一批以陈日亮、朱鼎丰、任心琴为代表的后起之秀，真可谓是名师效应代代相传。在长期的教育实践中，他们以其独特的教学风格和经验，成为自中华人民共和国成立到60年代福州一中的栋梁之材。（后附有名师小传）

（3）拥有全国第一流的教学设备

经陈君实的建设，到1966年前福州一中拥有约1000平方米规模的图书馆，据统计，1962—1965年学校共投入9665.84元，添置图书12587册（详见表4）。并率先建成全国一流的普通中学教学实验综合

① 资料来源：《巍巍福中·教师》，见《巍巍福中　福建省福州第一中学校志》1997年。表中选取有代表性年份列出。

大楼，大楼一半以上（约2600平方米）为理科实验室，计有化学实验室7间，物理实验室9间，都配置有专门仪器室。因此，实验综合楼以实验室众多，功能齐全，设备先进而著称。在当时实验室拥有较高的使用率，物理实验可二人一组，化学实验可一人一组，生物实验每人一台显微镜。值得庆幸的是，这来之不易的实验设备，被完整无损地保存下来，以至1980年北京市教育局长韩作黎在参观福州一中时曾十分感叹地说：福州一中优良的学风和全国一流的科学实验室，在他脑海中留下深刻印象。由此可以想见60年代福州一中的实验室缘何为全国一流。

表4　　1962—1965年福州一中图书设备购置情况①

时间	图书册数单位（册）	投入经费单位（元）
1962年	5302年	4321.28
1963年	3356年	2553.20
1964年	2372年	1510.31
1965年	1557年	1281.05

（4）教育质量的回升

经过四年的办学，从1964年开始连续两年福州一中的教育质量又以出色成绩为社会承认。而且后来有许多事实都可以证明学校培养的中学生基础素质的扎实性。据王永回忆当时的那些学生，“有在下乡插队或工厂做工时就写下高水平的学术论文或发表学术专著的（如汪征鲁、杨迅文等），当时他们都不是大学生；70年代，我省顺昌县合成氨厂，全厂上下——从厂长到技术员，从车间主任到工厂，都是当年插队的福州一中知青，是他们自行设计，亲手把这个工厂创办起

① 资料来源：福建省档案178—23—46、178—23—51卷宗，省重点中学经费支出决算表，藏福建省档案馆。

来的，有好几个‘文化大革命’前只念了一年大学，‘文革’后就第一批考上研究生，并成绩优异的（如董昆、程代展等）”[①]。福州一中无愧于“名校”美誉，在培养输送人才方面为社会作出不可磨灭的贡献。

（5）教育观念深入人心

陈君实在长期教育实践中培养起来的“敬业、勤奋”的教风，深入人心有力地影响着福州一中的师生。1977 年“文化大革命”后第一次高考，尽管当时福州一中的毕业生是划片免试入学的，但其高考成绩却在全省遥遥领先。历史再一次强有力地证明：陈君实为福州一中营造的优良教风、学风是摧不垮的。1979 年为重振福州一中，学校老教师联合向教育厅请求调派陈君实回校。终于，1979 年底陈君实从福建省科学技术情报研究所回到阔别多年的福州一中任校长兼党支部书记，以后又兼任省教育厅副厅长，分管中学教育业务。

附：1949—1966 年名师小传（按姓氏笔画顺序）[②]

马秀发（1920—　），女，福建长汀人。1942 年 7 月毕业于福建华南女子文理学院化学系。1954 年 5 月加入中国共产党，从事化学教学。曾任福州一中班主任、化学科教研组长、教务处副主任、主任。在 50 年代就认真学习教育理论，积极应用，结合本学科特点改革教学，在加强实验教学方面有所突破：1. 改进演示实验，较早实行边教边实验；2. 加强直观教学，与教师一道制作了所有工业制法的典型设备和工艺流程模型；3. 为加强理论联系实际，有计划地组织、指导学生参观有关工厂，留有参观作业，并结合进行思想教育；4. 建立比较完整的规范的学生实验制度。1959 年前后多次在全省学科

---

① 王永：《试论陈君实的办学业绩与实践理性》，未刊稿。

② 资料来源：《巍巍福中·特级教师名录》，《巍巍福中　福建省福州第一中学校志》1997 年。

经验交流会和省外教育参观团介绍了经验、得到普遍好评。在其担任行政领导工作期间，为福州一中建立正常教学秩序、形成良好的校风，加强实验教学，在教务管理方面做了大量富有成效的工作。1987年评为特级教师。

朱以南（1923— ），女，福建福州人。1944年毕业于福建师范专科学校三年文史科，从事语文教学工作。任语文教研组副组长，六次担任高中毕业班班主任，始终坚持教书育人，言传身教，身体力行，效果显著，深受学生爱戴。她熟悉本行业务，勇挑重担，成绩突出，为夺得并保持高考红旗做出贡献。她教学严谨，教风民主，充分调动学生积极性，重视指导语文课外活动。五十年代创建了福州一中第一个课外兴趣小组——三牧文社，多次为师生们举办中外文学名著导读，举行过多样化富有创新意味的课外活动，反映出较高的素养和鉴赏能力。同时她善于挖掘教材的教育因素，善于通过作文教学等，多渠道地寓育于教，对学生思想进步，情操陶冶以及视野的开阔等方面产生极大的积极影响。1987年被评为特级教师。

林桐绰（1921. 10— ），男，福建闽侯人。1945年7月毕业于暨南大学理学院，获理学士学位。1953年1月加入中国民主同盟，1956年4月加入中国共产党。长期担任福州一中化学、物理教学工作。任物理教研组长、教导主任、副校长，坚持中学物理教学实践与研究，精心探索和改革，不断提高教学质量，形成了自己的风格。他总结“狠抓双基”“理论联系实际，加强实验教学”“熟悉两头”（大纲教材与学生）的经验，在全省各中学得到推广。1964年福建人民出版社出版了他的教学专著《中学物理教学问题论析》，得到全国同行的好评。因其教学的显著，1959年林桐绰特邀出席全国工交群英会，1960年评为全国文教群英会代表。1987年被评为特级教师。

林鸿翥（1907. 7—1989. 9），男，福建闽侯人。出生在一个贫寒的民间手工艺人家庭，从小接受艺术熏陶，中学阶段即参加福州少年美术社习画。1932 年考入上海美术专科学校西画系深造，就学刘海粟大师门下。1935 年毕业，开始了他长达半个世纪的教坛生涯。先后被霞浦乡村师范学校、省立邵武中学、福州私立人民中学、私立三一中学、省立永安中学、私立三山中学，沙县师范学校聘请担任美术教师。1945 年 8 月起一直服务于福建省立福州高级中学即福州第一中学长达 44 年。在旧社会，他迫于生活，历尽艰辛，辗转奔波，备尝失业之苦，但他敬业受教之心驱使他克服种种困难，不辞辛劳，勤恳工作，为艺术教育事业贡献毕生精力，桃李满天下，饮誉教坛。林鸿翥是一位在国内享有一定声望的著名画家。早在新中国成立之初，他的宣传画《和平万岁》荣获全国美展一等奖。1958 年参加人民大会堂福建厅的设计工作。1960 年 7 月光荣出席北京召开的“中国文学艺术工作者第三次代表大会”，受到毛泽东及其他党和国家领导人的亲切接见。林鸿翥对待工作认真负责，兢兢业业，身体力行，对待教学坚持教书育人、为人师表。他的教学特色注重对学生进行基础培养，坚持不懈地抓绘画技能的基础训练，旨在培养学生具有空间视觉观念和识别、表述各种形体结构的能力。经常让学生去室外观察、写生，手把手地悉心指导，有效地提高教学效果。

林碧英（1920—　），女，福建莆田人。1941 年 7 月毕业于福建华南女子文理学院，主修化学，辅修数学。1949 年以来，一直从事中学数学教学。任校数学教研组长，副教务主任，全国第三届人大代表。其专业基础坚实，注重教育理论学习与运用，一贯重视教学研究，总结经验，不断改革，在提高 45 分钟课堂教学效率与质量上下功夫，形成了她自己的教学风格。她紧扣“双基”，精讲多练，做到一题多解，一例多用，一题多得的经验。还重视了解与研究学生，教学中做到既面向多数，又因材施教，曾自制了千余张学生指导卡片，根据各阶段教学的不同要求和学生的不同情况，分别给予很好的指导，有效地发展学生各自的才能。在培养教师方面，积极热情，作出了突出的贡献。她积极吸收和传播新信息，新经验，热心地传、帮、带成为她的习惯，总是鼓励青年教师“青出于蓝而胜于蓝”。1987 年被评为特级教师。

黄�（1920. 9— ），女，福建建阳人。1945 年 7 月毕业于福建省立师范专科学校三年制文史科，从事语文教学。担任语文教研组组长，工作兢兢业业，勇挑重担，不辞辛劳，团结全组教师，互帮互学，开展各种文体的教学研究，进行教改。1956 年汉语文学分科，新教材全为古典文，难度大，任务重。她与全组教师一起在学校领导的支持下，毅然利用寒暑假学习新教材，提高古典文素养，闯过了难关，提高了全组的教学水平，为福州一中连续夺取全国高考红旗和保持教学质量作出贡献。她专业基础坚实，且教学时总是全身心地投入，善于将自己被作品所激发的感情融入教学中去，引起学生的共鸣而接受熏陶，对学生的思想品德修养起着潜移默化的作用，效果显著。她对教学追求精益求精，不断充实自己，改进教学，长期读报、剪报，以累积资料，使课内外融会贯通。因此，她的课堂教学的知识性、形象性、情感性较突出，形成了自己的教学特色。她培养新秀，热情负责，经过她指导的年青教师都迅速提高，能胜任初、高中教学。

龚秋红（1923. 2— ），女，福建崇安人。早年就读于福建协和大学生物系，并寄读厦门大学生物系。1948 年初龚秋红到台北台湾工业研究所应用微生物研究室从事研究。1948 年底任福建省科学馆生物部学术研究员，1951 年初福建省科学馆改为福建省博物馆，从科研变为科普宣传，她遂转入福州一中从事生物教学。自 1957 年起把高三毕业班的生物教学关，使福州一中高考生物成绩均列全省前茅。她积极探索并进行教学改革，如进行“45 分钟内求质量”“探索式教学法在生物教学中的尝试”等研究，对提高教学水平，促进教学质量起了很好作用。她还遵照“教育为生产服务”的原则，在教学的同时积极开展科研活动，从1955年起，先后进行了“家禽无性杂交”（改良品种），“水浮莲越冬试验”（探索家畜冬青饲料）、“水球藻分离、培养及藻种推广”（解决蛋白质饲料）等课题试验，直接为农业生产服务。并组织指导学生参加，提高了该学科课外活动水平。她还撰写了不少教学研究和经验总结的论文，发表于《生物学通报》《人民教育》等国内刊物。1959年苏联《生物学》杂志1月号曾刊登了她的论文《在动物教学中贯彻生物体与生活条件统一的原则》。1987年被评为特级教师。

四　余论

教育，作为社会生活重要的组成部分，它是随着整个社会经济、政治、文化的发展变革而发展、变革的。陈君实在福州一中的办学走过一段曲折的发展历程。但是，福州一中突出的业绩与戛戛独造的个性，在当时的中国教育界不能不说是一个特殊现象。对这一现象，有的认为主要是因为福州一中是省属重点中学，占尽办学条件的各种优势；有的认为主要是因为陈君实有幸碰上了一位强有力支持他，欣赏他，并保护他的上级领导——省教育厅厅长王于畊，让他和福州一中有发展的空间；也有的认为主要是因为陈君实富有远见的教学改革，等等。我认为，这固然有上述诸多的外部与内部的因素，但最深层的当属陈君实在政治与理念间的选择。

早在解放战争时期，还是青年学生的陈君实就选择了马克思主义，选择了中国共产党作为终生的追求。而终其一生，他都是一名虔诚的马克思主义者、一名中国共产党党员。

陈君实始终保持了若干独立的办学理念与个人独立思考的空间。这和他所受的教育分不开。系统的基础教育与高等教育经历养成了他终生对知识的不懈追求。在福州一中当校长的日子里，他经常流连于图书馆与新华书店。他涉猎的范围极广，政治、经济、文学、艺术、历史、地理、哲学、科技无所不包。[①] 这使这位学校领导干部具有当时先进的知识结构和某些独立的价值评判。正如陈日亮所指出的："有一种看法，认为我国五六十年代的教育，是只有对党的教育方针的忠实执行与贯彻，没有创造性而言，因而也没有思想理论可言。这个看法，在陈君实校长身上绝对得不到验证的。即便是在教育只被看成是一种政治路线的时代，在奉教育行政上司如律令的那些日子里，陈君实校长也绝不是一个只会上传下达的驯服的教育公差。在他脑子里，始终留有自己的思考的空间，而不是全被教育政策文件所塞满。他虽然出生在一个信仰基督教的家庭里，却似乎有着一种对于神圣教条的本能的质疑与叛逆的性格。他天生是一个思辨者、一个理想家。所以只要有条件（包括拥有某种权力）他便显示超人的思辨锋芒和改革勇气。尽管在那个年代，改革并不是一个时髦的字眼，甚至还会有很大危险，但他却凭着他的坚硬（我不说是'坚强'）的性格和理念，在实际上而不是口头上，利用福州一中这个特殊的实验田实现他的改革梦想。"[②]

于是，陈君实时时面临着政治与理念间的两难选择。此"两难"在于，当时的政治与他的理念有同有异，而他既要拥护政治，又情不自禁地、"坚硬"地表现出自己的理念。这使他常常陷于两难的境地，使他在福州一中办学，面临着对政治的某种取舍。取，就是坚持党的领导，坚持贯彻党的路线、方针、政策。陈君实在上级党委、教育厅的领导下开展工作，他的所作所为都是符合党的组织原则的。很幸运，陈君实碰到一位强有力支持他并保护他的上级领导王于畊。大气

---

① 沈瑞其：《陈君实传》，见《中国现代教育家传》第七卷，湖南教育出版社 1988 年版，第 95 页。

② 陈日亮：《我的书面发言》，未刊稿。

候的条件下，她为福州一中争来相对宽松、开明的发展空间。

一方面，他尽可能地避免在学校教师、学生中搞阶级斗争，而把阶级斗争的观点引向社会。可以说，陈君实在60年代开展的社会调查并不排除这种因素的可能性。另一方面，他突出智育，以淡化“左”的教育。在漳州师专的两年，陈君实反思了在福州一中七年的教育实践，并用自己的办学理念理解党的全面发展教育的方针，他认为“在近现代基础教育中，为绝大多数教育工作者所公认的教育方针，是使受教育者德、育、体、美、劳五育并举的全面发展的教育方针，德育是主导，智育是核心和基础，体育是载体……作为社会主义体系，我们与资产阶级不同仅在于政治导向，即为社会主义建设服务，与生产劳动相结合”①。这个认识是非常重要的，是对教育方针政策的根本性看法，并且直接影响了学校的办学指导措施。为什么我们与资产阶级的教育方针是“仅在于”？在当时的环境下，肯定还有“不仅仅在于”的认识，甚至是权威的、占统治地位的阶级斗争理论，同样也在直接影响作用于学校的教育教学工作的每一个环节。而正基于此，陈君实非常重视学校教育的核心和基础，即智育。对于智育，他是这样理解的：“智育包括各科基本知识及其科学系统，应有的基本技能和在学习中逐步养成的科学思维方法。”② 可见，智育的基础从本质上说是并不带有政治属性的。因此，陈君实在办学的道路上，始终以教学为学校工作的中心。他深入课堂和实验室，认真听课，检查教师教案，查看学生作业和实验报告，召开师生座谈会了解教师情况；他强调在个人充分准备基础上集体备课；他组织各种形式的教学观摩，发现和推广先进教学方法；他亲自参加教学实践，担任政治课的教学任务，帮助缺课的教师代授语文、数学；他不断学习教学理

① 陈君实：《改造·创新·攀登》，未刊稿。
② 陈君实：《改造·创新·攀登》，未刊稿。

论，总结教学经验，探索教学改革。在教学中，他还特别重视基础知识和基本技能的传授与训练。在当时的福州一中拥有全国第一流的教师队伍、全国第一流的课堂教学、全国第一流的实验室和中学理科实验。因为陈君实的严谨治校，福州一中形成了优良教风与学风，也因为陈君实的“突出智育”的办学，使福州一中1957—1959连续三年夺得全国高考成绩第一名。

当然，这一成绩的取得从开始就既是福州一中的荣誉又是福州一中的精神包袱。为保“高考红旗”，陈君实感到的压力越来越大，但他自始至终地认为：“一所学校要保持第一流水平是可以的，但每次高考都名列第一是不太可能的，而以高考成绩作为唯一标准来衡量一所学校教育质量的高低是不科学的。”

对1957—1959年福州一中全国高考“三连冠”，这种突出智育的办学，是陈君实在当时特定历史条件下唯一正确选择。正如汪征鲁教授所言“这是因为这一选择既要纠正当时教育界时弊，又要为产生弊端的主流政治所容忍”①。当时教育界存在的主要弊端有两个：一是因学生家庭成分的划分而产生的求学上的不平等、不公平。而高考，这种对系统基础知识结构的考察，在那个时代是有着相对平等和公平的一种竞争。二是突出政治，淡化智育。当时非常重视社会实践形式的政治教育，而稍重智育就是走“白专”道路。所以，在这一背景下突出智育就是纠正时弊。

有趣的是，关于福州一中“三连冠”，突出智育的功过得失，时至今天，依然是议论纷纷。有的认为，福州一中“三连冠”，突出智育，实际就是应试教育，与今天所谓的素质教育对立；有的认为福州一中一开始实行的就是今天的素质教育。究竟什么是应试教育，什么是素质教育？

---

① 汪征鲁：《政治与理念之间》，未刊稿。

“应试教育”一词出现于20世纪80年代，其形成有一个过程。在20世纪80年代的教育改革中，广大教育工作者深入思考现行中小学教育现状，分析它的主要弊端，并试图用一个词语概括，于是出现了各种提法。例如，在人用“升学中心教育”概括，指出中小学教育的弊端集中体现为围绕升学而进行；有人用“考试教育”概括，指出中小学教育的弊端集中体现为以考试为中心；有人则用“升学—应试教育”概括，指出中小学的弊端集中体现为围绕升学、考试在转。1988年，上海中小学课程教材改革委员会关于课程教材改革的指导思想就明确提出：现行中小学教育与社会主义的矛盾集中表现是以升学为中心，还是以提高素质为中心。1993年，中共中央、国务院印发《中国教育改革和发展纲要》，提出“中小学要以‘应试教育’转向全面提高国民素质的轨道”,[①] 此后，“应试教育”一词就作为对现行中小学教育中普遍存在的围绕升学、考试、分数转的倾向和弊端的概括而被人们广泛使用。

因此，“应试教育”一词，不是单纯地指考试，否定“应试教育”绝不是否定或取消考试，只是反对那种把中小学教育变成以考试为目的的倾向。而且，“应试教育”一词，不是对现行基础教育的全部概括，而是对现行基础教育客观存在的主要弊端的概括。否定“应试教育”绝不是全面否定现行教育，不是全盘否定中小学的成就，只是否定现行中小学教育的某些弊端，促使中小学教育摆脱“应试教育”的影响。

从以上分析可以看到，“应试教育”作为中小学教育弊端的概括，有其特定的内涵。1997年原国家教委主任朱开轩对“应试教育”作了一个概括：所谓“应试教育”，是指在我国教育实践中客观存在的

---

① 《中国教育改革和发展纲要》，转引自邱永渠《教育基本理论》，福建教育出版社1999年版，第206页。

偏离受教育者群体和社会发展的实际需要，单纯为应付考试，争取高分和层面追求升学率的一种倾向，它主要面向少数学生，忽视大多数学生的发展；教育内容忽视德育、体育和美育，只重知识传授，忽视能力与心理素质培养；学生课程负担过重，挫伤了学生学习的主动性、积极性和创造性，影响他们的全面素质的提高。[①] 这个概括既指出了“应试教育”的实质，也指出了它的具体表现，是对“应试教育”内涵全面而深入的分析。

“素质教育”这一词最初是作为和“应试教育”相对应或相对立的概念出现的。素质是生理学、心理学中的一个概念，但它又是一个在学校教育活动和人类社会生活中广泛使用的概念，两者存在着很大的差异。因此，素质这个概念，其含义有狭义、广义之分。狭义的素质概念，指的是生理学和心理学上的素质概念，其经典性定义是：素质是指人生来就具有的先天的解剖生理特点，主要是神经系统，特别是脑的特性，以及感觉器官和运动器官的特点。[②] 其内涵是指人的先天性、遗传性的自然素质或生理素质，包括人的生理上的技能和解剖上的结构两个方面；其外延则仅限于人的个体素质。广义的素质概念，指在先天与后天共同作用下形成的人的身心发展的总水平。《教育大辞典》认为，广义素质是指“公民或某种专门人才的基本品质。如国民素质、民族素质、干部素质、教师素质、作家素质等，都是个体在后天环境、教育影响下形成的”。广义素质看重表示人在先天生理基础上，受后天环境教育的影响，通过个体自身的认识与社会实践，养成的比较稳定的身心发展的基本品质，或称之为素质。[③] 显然，素质教育之“素质”指是的广义的素质概念。于是，有人就以为“应试教育”仅仅为了考试，传授的是知识；而素质教育，是为了提

---

① 郭景杨：《论中小学素质教育》，学林出版社 1998 年版，第 35 页。
② 郭景杨：《论中小学素质教育》，学林出版社 1998 年版，第 35 页。
③ 顾明远主编：《教育大辞典》第 5 卷，上海教育出版社 1990 年版，第 80 页。

高人的素质，培养的是能力，并将二者相对立起来。事实上，教育界发展至今天，对素质教育并没有一个统一完整确切的定义，可谓仁者见仁、智者见智。综观各种定义说法，表述不同、侧重点不同，但应当说，素质教育还是有其基本内涵，即强调以全面提高全体学生的基本素质为根本目的；强调从人的自身发展和社会发展两方面的实际需要出发；强调充分开发人工智慧潜能；强调因材施教，个性全面发展。

根据这样的内涵，于是有的人认为，素质教育就是要取消升学、取消考试。我以为这是误区。因为“应试教育”和考试是两个概念，虽然“应试教育”的形成和教育、升学竞争有关系，但必须把作为学校教学管理的一个环节和作为衡量学校教育教学质量的一种手段的考试，和作为一种办学指导思想的“应试教育”严格区别开来。反对“应试教育”，不是反对考试，而是要改革考试制度、考试方法。实施素质教育，一个关键，就是改革教育评价体系。这是一项复杂的、系统的工程，其中就包括转变传统的考试价值观，完善考试的功能，改革教育的方法等等。否则，今天我们无论如何谈论素质教育都是空话。

因此，以今天的教育视野来衡量福州一中在1949—1966年的办学，简单地归之于应试教育或者素质教育是不确切的。毕竟在那一时代有其历史的局限性。

每一个时代都造就了那一时代的教育家。时至今天，当我们放在当时的历史条件下，考察陈君实与福州一中，不得不为其实践的理性所折服。

在政治与理念之间

——对原福州一中校长陈君实的一种解读

汪征鲁*

一

我的少年时代是在福州一中度过的。在那里，我受到了当时最良好的中学教育，培养了自己最初的科学精神与人文精神。和我有同感的同学还有很多。一个学校能有这样的机制，这在20世纪五六十年代的中国教育界不能不说是一个异数。后来，在人生的风雨历程中，我常常感念这些。尤其进入新时期之后，我更是禁不住要思考个中的究竟。

1949—1966年的中国教育事业似乎教训多于成就，但该时期又是福州一中最辉煌的时期。

这一辉煌的主要标志是取得了全国高考三连冠。古往今来，在幅员辽阔的中国夺第一，不管是什么第一，都是很难的。况且是高考这样神圣而公众瞩目的项目。加之福州一中其他方面的“先进事迹”，于是全国教育界来福州一中取经的人群一时间竞相望于道。当时，毛泽东提出一个口号是“农业学大寨，工业学大庆，全国学解放军”，笔者认为在教育界，有一个没有声音的口号：基础教育“学福一中，

---

* 作者：1966届高中校友，历史学家，博士生导师。

赶超福一中！”福州一中真可谓独领风骚十余载。

福州一中之所以取得辉煌的业绩，固然有多方面的原因，但我认为最重要的是她有一位名字叫作陈君实的校长。今天，当我们追踪、品味老校长的办学轨迹时，固然为其内容的丰富、卓越而赞叹，而更因其当时所处的境遇与行事的方法而扼腕。关于前者很多人都写了，本文想着重新谈谈后者。当然也不可避免地会涉及前者。这就是我所以为的，当时他在政治与理念之间的两难取舍。

所谓政治，就是马克思主义、毛泽东思想，就是党的基本路线。陈君实对之是信仰、拥护的。陈君实的大学时代正值抗战胜利、中华人民共和国成立前夕。他努力学习马克思主义理论著作。1947 年 10 月，在拂晓前的黑暗里，他冒着生命危险，宣誓加入中共闽西南地下党厦门大学支部。终其一生，他都是一名虔诚的马克思主义者、一名中国共产党党员。

所谓理念，是他所具有的知识结构和价值取向。陈君实之所以始终保持了若干独立的理念与个人独立思考的空间，这和他的经历及所受的教育是分不开的。陈君实的父亲是安海基督教堂的一名牧师，幼承庭训，就受到基督教精神与西方民主、博爱思想的熏陶。五岁，入安海教会办的铸英小学读书。后来就读的泉州培元中学、长沙岳云中学俱为一时之选。中学毕业后考入广西大学经济系。据他自己回忆，在广西大学的一年间，他阅读了许多中外名著典籍，如河上肇的《政治经济学大纲》、尼采的《柏拉图斯特拉如是说》、希特勒的《我的奋斗》、蒋介石的《中国之命运》、郭沫若的《甲申三百年祭》、艾思奇的《大众哲学》、侯外庐的《中国社会发展史》以及陈独秀、胡适、布哈林、丘吉尔等人的著作。形形色色的主义与观点如脱缰的野马在年轻人心灵的白纸上驰骋。在福州一中当校长的日子里，他积极扩充校图书馆，一有空就钻到馆里阅读。节假日则整天徜徉于新华书店。他涉猎范围甚广，政治、经济、文学、艺术、哲学、历史、科技无所不包。在封闭的年代，外面的消息很少。他尤其注意《参考消息》《世界知识》《知识就是力量》等报纸杂志上所透露的西方科技文化的信息。这使这位党的基层干部具有当时最先进的知识结构和某些独立的价值取向。①

这正如陈日亮所指出的："在他脑子里，始终留有自己的思考的空间，而不是全被教育政策文件所塞满。他虽然出生在一个信仰基督教的家庭里，却似乎有着一种对于神圣教条的本能的质疑与叛逆的性格。他天生是一个思辨者、一个思想家，所以只要有条件（包括拥有某种权力）他便要在实践中行使他思辨的权力，挥动他思想的长矛去着手改革。他的教育实践的最大特点，便是显示超人的思辨锋芒和改革勇气。尽管在那个年代，改革并不是一个时髦的字眼，甚至还会有很大危险，但他却凭着他的坚硬（我不说是'坚强'）的性格和理念，在实际上而不是在口头上，利用福州一中这个特殊的实验田实现他的改革梦想。"② 这亦是对陈君实很好的解读。

于是，他时时面临两难的选择。何谓"两难"？如果政治和理念合而为一，无"难"可言。如果政治与理念完全对立，那么懦夫往往屈服于政治，而志士往往为理念而奋斗，甚至不惜舍生取义，但也都是只有一"难"。两难者，政治与理念有同有异，或大同小异，既要拥护政治，又表现出自己的理念。问题的复杂性还在于，处在后一种情况时，当时的仁人志士往往是先因个人的理念而批评政治，后又因对个人理念的动摇而向政治忏悔，甚至二者都是虔诚的。于是，在当时，在政治与理念之间，陈君实不可能不陷入这种怪圈，每每处于一种认识与怀疑、实行与动摇、探索与再探索的抉择中。

---

① 参见沈瑞其《陈君实传》，《中国现代教育家传》第七卷，湖南教育出版社 1988 年版，第 363 页。

② 陈日亮：《陈君实校长基础教育观浅思三则》，《荆棘之路——陈君实教育实践文集》，福建教育出版社 2002 年版，第 129 页。

二

在福州一中办学，陈君实面临着对政治的某种取舍。

取，就是坚持党的领导，坚持贯彻党的方针、政策。陈君实是勉力而为的。当年，陈君实是代表党来接收和改造旧福州一中的。据他回忆："1952年9月，我们几个共产党员奉命进入福州第一中学。主要的任务是：成立中共福州第一中学支部委员会，实行对福州一中的全面领导，完成民主改革，建立人民大众的新民主主义教育体制；贯彻党的教育方针、政策，建立正常的教育秩序，提高教学质量，为新中国培养社会主义新人。"①

陈君实是在上级党委、教育厅的领导下开展工作的。他的所作所为完全符合党的组织原则。福州一中这样的省属重点中学更是如此。但很幸运，陈君实遇到一位强有力的，但又欣赏他、大胆使用他并保护他的领导王于畊。王于畊早年就读于保定女子师范学校，抗战初投身革命，是新四军中的一名才女。后与中国共产党著名将领叶飞结为伉俪。中华人民共和国成立后，叶飞任省委第一书记，在福建工作17年；王于畊亦长期任福建省教育厅厅长。王于畊可贵之处在于她始终有一颗火热、执着的事业心。我认为她也存在着政治与理念之间的艰难取舍。她把福州一中当作自己的实验田。她说："一中必须千方百计办好！""要有勇气同任何国家的任何中学比试一下。"② 正因为如此，她坚定地支持陈君实，尽可能为福州一中创造一个宽松、开明的发展空间。

舍，主要表现为根据实际情况对毛泽东"阶级斗争"理论的淡化

---

① 陈君实：《改造·创新·攀登》，未刊稿。

② 见《筹办"陈君实校长教育实践研讨会"资料》第一辑。

处理。应当说，他只是出于理念和本能，在校内淡化阶级斗争的观点。陈君实并不主张在学校教师、学生中搞阶级斗争。

“阶级斗争”的理论在学生工作中的表现最主要的是以“家庭成分”为标准把学生划分成若干等级。出身好的成分中，尤以高干子女为最上层。由于福州一中是全省最好的中学，福建省许多党、政、军负责人的子女都在福州一中就读。福州一中也招收了一批高分考入的出身不好的子女。陈君实是力求平等地对待这两类学生的。当时任班主任的游天容老师有幸保存了这一时期的工作笔记，里面记录了许多陈君实在这方面的“工作指示”。陈君实认为：对两类学生都要“掌握政策，过细工作，典型引导，重在表现，共同进步”①。

对出身不好的拔尖学生，陈君实念其危困，更是悉心呵护。如1966届高三家庭出身不好但学习优异的董琨在领到北京师范大学录取通知书后，为时代风气所熏陶，意欲上山下乡，走工农相结合的道路。当他兴冲冲地把这一看法禀告陈君实校长时，得到的回答是：“要去好好学习科学知识，不但要读完大学，将来还要争取出国留学。”董琨后来回忆说：“那可真是振聋发聩，有如醍醐灌顶，我再也说不出什么，乖乖地回去收拾行装，告别师友亲朋，准备上京升学了。”② 陈君实的这些话今天看来似乎平常，甚至还带有那个时代的痕迹，但在当时说出来是要冒很大的政治风险的。我总一直以为，陈君实的这一苦心孤诣已是一种教育或帮助。对我们这一代人而言这些话语中所蕴含的人道主义力量至今仍是震撼人心的。

另一方面，他别出心裁地把师生的关于阶级斗争的认识与实践引向社会，特别是农村。陈君实参照1955年合作化运动时组织学

---

① 游天容：《往事反刍》，《荆棘之路——陈君实教育实践文集》，福建教育出版社2002年版，第88页。

② 董琨：《重视研究学生的教育家》，《荆棘之路——陈君实教育实践文集》，福建教育出版社2002年版，第288页。

生下乡调查访问的做法，组织高中一、二年级学生到农村进行社会调查与体力劳动。社会调查的主要内容为访贫问苦，查昔日阶级剥削，今日“阶级斗争”，从而加深对党的基本路线的认识。这一做法立即引起中央有关部门的重视。1963年6月5日《人民日报》头版头条发表了福州一中党支部关于组织学生下乡劳动和参加社会主义教育的文章，并配发了《坚持不懈地好好组织学生参加生产劳动》的社论。之后，《人民教育》亦以福州一中的名义发表了《组织学生下乡劳动的做法和体会》一文。一时引起教育界巨大反响。当然，今天看来，这一做法固然有很大的时代局限性，但亦有某些合理因素。

三

陈君实有着自己的办学理念。他曾用这一理念诠释党的教育方针。在福州一中办学七年之后，1959年陈君实因被调往漳州师专。在漳州的两年里他反思了在福州一中贯彻党的教育方针的实践，他说：“我确信，在近现代基础教育中，为绝大多数教育工作者所公认的教育方针，是使受教育者德、智、体、美、劳五育并举，全面发展的教育方针。德育是主导，智育是核心和基础，体育是载体……作为社会主义体系，我们与资产阶级所不同仅在于政治导向，即为社会主义建设服务，与生产劳动相结合。”①

这里有四个观点值得注意：一为近现代有绝大多数教育工作者公认的教育方针，也就是我们与资产阶级公认的教育方针，即“五育并举”。我们与资产阶级之不同点在于政治导向。显然，这是陈君实的价值观，是二分法的，即人类存在着一个共同的价值标准，无产阶级

① 陈君实：《改造·创新·攀登》，未刊稿。

还有自己特有的价值标准。这种二分的观点就是后来所批判的修正主义观点。

二为这个政治导向是“为社会主义建设服务，与生产劳动相结合”，即不是“阶级斗争”或以阶级斗争为纲。尽管出于某种考虑，陈君实曾通过学生下乡劳动、调查，把劳动锻炼与阶级斗争教育结合起来进行。

三为德育是主导。当时的德育最本质的就是毛泽东思想和党的基本路线之教育。陈君实却认为：“德育，即道德品质和政治思想教育，是基础教育尤其是中学教育的首要任务，它包含人类社会公认的道德品质，即诚实、尊重他人、尊重劳动、遵纪守法、保护环境等等。对于社会主义国家而言，最根本的是反对并废除剥削和压迫。在工人阶级领导下建设祖国、保卫祖国。”① 这里也是道德的二分。当时的主流政治认为道德是最具有阶级性的。学术界在60年代曾批判过“抽象道德论”“道德继承论”，等等。在陈君实那里，德育虽摆在第一位，并作为主导，但由于他的德育观与当时占主流地位的所谓的以阶级斗争为核心的无产阶级德育观有所不同，他是处于两难境地的。一般认为，德育有其家庭功能、社会功能、学校功能。在那一个时代，德育的社会功能特别强大，即调动一切手段强化对毛泽东思想和党的基本路线的认识与觉悟，要人们不断地自我改造、自我革命。面对这样一个强大的社会德育，陈君实要么重复甚至变本加厉地重复这种德育，要么维持甚至在一定程度上淡化这种德育，我以为他是采取后一种态度的。他的淡化表现为突出智育。以智育对抗“极左”化了的德育。在实施智育的过程中进行德育，如在实施智育的过程中培养人的科学精神与人文精神。

四为五育并举，重在智育。陈君实认为：“智育，是核心，也是

① 陈君实：《改造·创新·攀登》，未刊稿。

基础。”① 应当说在当时的概念中核心与基础既是实体又是起决定作用。相对而言，“主导”是指一种“导向”，毕竟有些务虚。如当时引用率最高的一条毛泽东语录有云：“领导我们事业的核心力量是中国共产党，指导我们思想的理论基础是马克思列宁主义。”对于智育，陈君实是这样理解的：“智育包括各科基本知识及其科学系统，应有的基本技能和在学习中逐步养成的科学思维方法，必须通过自然科学实验和社会调查才能逐步达到开发智力的目的，而绝不是靠死记硬背某些课文、结论所能奏效的。”② 可见这里智育是一个包括知识、方法、能力的三维结构。

陈君实在理论上是这样思考的，在实践中更是这样做的。

办学以师资为本。师资的水平代表了教学的水平，代表了智育的水平。陈君实狠抓师资队伍的建设。首先，他保护并大胆使用一批有真才实学的老教师，如教物理的林桐绰，化学的马秀发、陈明枝，生物的龚秋红，数学的林碧英，语文的魏兆炘、陈淇，历史的丘师彦，美术的林鸿翥，等等。以陈君实为首的校领导在政治上信任他们，由陈君实亲自联系并培养发展入党的老教师有马秀发、林桐绰、郑伟信、郭可泳等，林桐绰、林碧英等后还被推举为省市人大代表、劳模；在业务上依靠他们，这些老教师几乎都是本教研室的主任，林桐绰后被提拔为副校长，马秀发后被提拔为教务处主任。早在那一个年代，陈君实就似乎有品牌意识，即要推出名师。上述的诸位老教师后来几乎都是特级教师。林桐绰、林碧英、马秀发等还成为全国著名的中学教师。这里体现了福州一中的专家治教，专家治校。名师的品牌效应在很大程度上也汇聚成福一中名校的品牌效应。

陈君实认为，老教师特别是名师的作用不仅在于有第一流的教

① 陈君实：《改造·创新·攀登》，未刊稿。
② 陈君实：《改造·创新·攀登》，未刊稿。

书育人，还在于培养青年教师，培养接班人。新入校的青年教师，一般都和相对应学科的老教师结成对子，每对共同从初一教到高三，一路传、帮、带。如化学组的任心琴跟陈明枝，语文组的陈日亮跟陈淇，数学组的陈巧英跟林景贤，物理组的林应基跟陈洪燊，等等。后来，陈日亮、朱鼎丰、陈巧英、林应基等都成了新一代的名师。这使福一中的教师队伍保持了一个优化的梯队，使名师效应代代相传。

对于青年教师的引进与培养则有精选、锻造、汰劣三部曲。60 年代，陈君实曾亲自到福建师范学院挑选了 40 多位业务拔尖的毕业生。其中一位外语系的高才生，因有一个所谓的政治问题，一时挂在那里，不予分配。陈君实推敲了他的档案，感到人才难得，问题也不成其为问题，毅然收录于麾下。新教师入学后即如上所说的以老带新，实行共同备课制、试讲制和听课制。陈君实尤注重抓新教师的教学态度、备课质量、语言表述的规范性。在教学实践中锻造年青教师，脱颖而出的，压担子，委以重任；不能胜任者，调出一中，另行安排工作。朱鼎丰回忆说："我一进入福州一中，就有一种透不过气来的感觉。""对于那些不能胜任福州一中教学的教师，则调到省内山区任教。1958 年入校的二十几位大学毕业生，几年后，只有五六位硕果仅存。"① 在这里已形成了一种优胜劣汰的竞争机制。这种机制在中国迟至 20 世纪末由计划经济转轨为市场经济时才全面产生。

智育的本体主要是教学。陈君实认为，校长必须深入教学实践领导教学。这种领导主要表现在五个方面：一是调查研究教、学双方互动的全过程。校长必须深入课堂和实验室，认真听课，检查老师教案，查看学生作业和实验报告，召开师生座谈会，了解教学情况。二

① 朱鼎丰：《陈君实的风格》，《荆棘之路——陈君实教育实践文集》，福建教育出版社 2002 年版，第 80 页。

是强调并实施个人充分准备基础上的集体备课。三是组织各种形式的教学观摩，发现和推广先进的教学方法。四是亲自参加教学实践，如陈君实就亲自担任政治课的教学任务。五是不断学习教学理论，总结教学经验，探索教学改革。①

陈君实特别重视基础知识和基本技能的传授与训练。这之中包括课堂教学和实验室实验。福州一中具有当时第一流的课堂教学自不待言，还具有当时一流的实验室和中学理科实验。早在50年代，福州一中就扩充了物理、化学、生物实验室。到60年代中，在王于畊的支持下，在新建的综合性教学大楼里设有2400平方米的实验室和全国第一流的实验设备。如果说50年代的实验还仅仅是直观教学的重要手段，那么60年代的实验便更注重学生操作能力与分析观察能力的培养。许多理科教师还不断设计出新的实验。

关于陈君实之抓教学，朱鼎丰有一段生动的回忆："全体教师，除上课辅导外，几乎都不离开教研室。下午自习和晚自习，教师必须下班辅导。晚自习下课后，教师才能回自己宿舍备课、改作业，因而往往可以凭教师窗前的灯光评判教师的勤惰。……对于课堂教学，更是毫不放松，除了经常参加备课组集体备课外，我们经常可以看到陈校长带着一张小板凳，随时闯入教室听课。在他的办公室里，经常找一些教师谈教学问题，从办公室里走出来的教师也都心悦诚服。但如果某些人工作责任心不强，教学效果不好，陈校长对此绝不手软。有一次在全校大会上公开点名批评一位知名老教师说，学生反映你作业批改不及时，很少下班辅导，是不是花在教学上的时间太少了。此言一出，人人'恐惧'。"②

有什么样的校长就带出什么样的老师，有什么样的老师就带出什

① 陈君实：《改造·创新·攀登》，未刊稿。

② 朱鼎丰：《陈君实的风格》，《荆棘之路——陈君实教育实践文集》，福建教育出版社2002年版，第80页。

么样的学生。福州一中的学生刻苦学习，努力上进，严守纪律，尊敬师长。对此，黄�回忆道：“上课时有一种无形的纪律……（学生）注意力高度集中，不管教室外发生了什么事，他们都不会向窗外看一眼。”“学校还倡导‘静静自修室’，当时大多数学生是寄宿，但在附近的学生也喜欢来校自修。因此大家都早早地来到自修室找个好位子。一到晚上一排排教室灯火辉煌却静悄悄的像一座空城。当你踏进教室，只见黑压压的一片，座无虚席。”“至于各科作业、实验报告都有严格的行款格式的规定，作文是综合性的作业，要求卷面整洁、字迹端正，不合规格的一律重抄。数学作业要求每一学期装订成册，到三年高考总复习时便于温故知新，总结心得。”“考试时更是严肃，最重要的是平时教育学生明确学习目的，考试要以自己真正的好成绩向党汇报，所以临考时他们能正确对待，既不左顾右盼，更不会作弊，认为那是可耻的。”① 最为可贵的是那时的学生有一种学习的自觉性、主动性，不是要我学，而是我要学。朱鼎丰回忆道：“在这样严谨治校的作用下，福州一中的教风、学风达到了现在师生无法想象的情景。就以1959—1962年我担任三年班主任的班级为例，如果哪一科的教师一周内没有进行考试，学生就提意见：‘老师，您这一周还没有考呢？’学生中午暗中比赛谁吃饭最快，先到教室里读书。晚自习，无论是寄宿生还是走读生，一律到教室自习。更不可想象的是星期日上午，教室里都是座无虚席，鸦雀无声。”②

陈君实特别欣赏英国的伊顿公学。伊顿风格突出的两点就是强调权威与严格。这所学校对英国的历史与社会都有影响。英国就有所谓“想当首相，就上伊顿公学”“滑铁卢之战是在伊顿公学的运动场上

① 黄�：《春风化雨润物无声》，《荆棘之路——陈君实教育实践文集》，福建教育出版社2002年版，第80页。

② 朱鼎丰：《陈君实的风格》，《荆棘之路——陈君实教育实践文集》，福建教育出版社2002年版，第80页。

赢得的”之说。他曾在校领导会议上提出：“我们也要有自己的伊顿公学！”直到20多年后，王于畊在致陈君实的信中还说：“只要说是‘福州一中的学生’‘福州一中的教师’到处受到欢迎，为什么？国际、国内的反映说明什么？她应该是中国式的伊顿学校。”①

陈君实的“严”并不意味着压抑个性，相反陈君实正是以其胆略、远见与权威营造一块让个性自由发展的园地。20世纪五六十年代，福州一中成立了物理、化学、生物、数学等兴趣小组和三牧文社，培养学生的想象力和创造力。对一些在学习上、政治上有些许“独立意志、自由精神”的同学，陈君实更是予以保护与引导。这样的学生在福州一中似乎不少，我也位列其中。

曾经一位师长复印了一份1965年福州一中社教期间有关方面整理的关于我的一份简报示下。其中“编者按”是这样写的：“汪征鲁同学原是我校高二文科班学生，到高三时转学厦门第一中学。他的许多文艺观点，在文科班虽然受到一部分同学的抵制和斗争，但在另一部分同学中有相当深的影响。现把他的主要文艺思想观点整理出来，并选附上现有收集到他所写文章中的十二篇，印发给有关部门参考。1966年5月2日。”在“治学方面强调书本的钻研，忽视实践，理论严重脱离实际”的标题下，其中有云：“他认为学习马列主义要有系统，马克思主义经典著作是‘源’，毛主席著作是‘流’，应该从源学起，跟他走的人都不学毛主席著作，而从《共产党宣言》学起，抱着厚厚的《资本论》。”“学语文也强调按文学史系统，从先秦学起，背诵古诗词，不少同学按这种方法学，学到快毕业还没学到‘三国’时期的作品，近代的则更谈不上，钻进故纸堆里去拔不出来。”“他强调学习经济史、文学史、美学史、哲学史，用以抵制学习厂史、公社史、村史、家史。还开过周谷城的美学讲座。”在“人道主义、人性

① 《筹办“陈君实校长教育实践研讨会”资料》第一辑。

论对汪征鲁及文科班同学的影响”标题下有云：“‘应对任何人抱着善良的热爱，要尊重人，爱护人，珍视“人”的称号。’并引高尔基的话为证。高尔基说：‘世界上最神圣的职务，便是做一个人。’他说要把自己善良的热爱、光和热散发给人类。”“征鲁强调要珍惜友谊，在欢宴时，战斗时，同甘苦，共患难。有人向征鲁提意见，他却非常痛苦地喊道：‘人的尊严受到了侮辱。’觉得自己受到小人诽谤，说人家这样做是不人道的。他们一伙人互相影响，也‘学习道德自我完善的办法’，自我欣赏内心的善良、纯洁，无论对什么人都一概施予同情。某某对一位邻居（四类分子）也表同情，见面不点头招呼，好像不近人情，难受。”等等。

今天这一“记录”之保存又使我得以回味在福州一中的岁月里，我与我的同学求知的热情与年少的轻狂。我回忆起一些往事。记得当时有一次教务处主任马秀发老师参加我们的班会，她指着我说“陈君实校长说，听说汪征鲁正在读《资本论》，要允许他读，要派老师辅导他读”。马秀发在最近召开的一次座谈会上还提及此事。1964 年，与我同桌的叶妹弟在班办墙报上写了一篇散文《国庆献辞》，遭到一些同学以眉批、旁注等方式的批判。我写了长篇论文《〈国庆献辞〉及其它》为叶文辩诬。一时观者如堵，各种意见纷纷出笼，贴满墙壁。引发了一场关于近代史史实、美学、文风等方面问题的讨论。充分说明当时学生思想的敏锐与活跃。

福州一中深厚的教学、育人土壤必然结出丰硕的成果。其最具有标志性的是，在 1957—1959 年连续三年夺得全国高考成绩第一名。据说，上海方面对此深表怀疑，经华东局同意将该年福州一中高考试卷调上海由华东师大教师重新评卷，得出的对照结果是：福建方面的阅卷文科偏宽一、二分，理科偏紧二、三分。他们对福州一中的高考全国最高水平完全信服了。但这一成绩的取得伊始就既是福州一中的荣誉又是福州一中的“精神包袱”。当时就有人以为“三连冠”能不能说明一切？“红旗”究竟能打多久？陈君实感到压力，但他有自知之明。他认为：“一所学校要保持第一流水平是可以的，但每次高考都名列第一是不太可能的，而以高考成绩作为唯一标准来衡量一所学校教育质量的高低是不科学的。”① 而越到后来，似乎“三连冠”的负面作用与意义也越大。什么“三连冠”是“白专”典型，什么高考红旗是黑旗，等等。至“文化大革命”开始，“三连冠”已成了陈君实在教育领域施行资产阶级专政的罪行。更令人困惑的是到推行所谓素质教育的今天又将之贬于应试教育的典型。

我认为对福州一中在1957—1959年的全国高考“三连冠”，应当有一个历史唯物主义的辩证的认识。即把“三连冠”放在一定的历史条件下加以考察。如果是这样，我认为突出智育、“三连冠”是当时福州一中唯一正确的选择。

时至今天，关于福州一中“三连冠”、突出智育的功过得失的讨论还没有停止。有人以为，福州一中的“三连冠”、突出智育，实际上就是应试教育，而和今天所谓的素质教育相对立；当然，也有人认为福州一中一开始施行的就是今天所谓的素质教育。

借这个机会我想多说几句。“素质”系指原始的、根本的性质。《尚书大传》卷一下云：“定以六律、五声、八音、七始，著其素。”郑玄注：“素犹始也。”对人而言，就是人的先天的解剖生理特点，主要是感觉器官和神经系统方面的特点。《中国大百科全书》“素质”条是这样阐释的：“人的神经系统以及感觉器官、运动器官的生理结构和功能特点，特别是脑的微观结构特点。是能力形成和发展的前提条件之一，其缺陷会造成能力发展的障碍。”②

显然，这个“素质”是先天的，或者说是在人的长期进化、演化

① 参见沈瑞其《陈君实传》，《中国现代教育家传》第七卷，湖南教育出版社1988年版，第363页。

② 《中国大百科全书（简明版）》第8卷，中国大百科全书出版社1996年版，第4618页。

过程中逐渐形成的。这是素质的本义。当然不是“素质教育”所谓的“素质”。于是，素质又有了一个后起的义项。《辞海》有云：“人们在实践中增长的修养。如政治素质、文化素质。”① 显然，“素质教育”之“素质”是指此而言。于是，有人就据此阐释，认为“应试教育”仅仅是为了考试，传授的是知识；而素质教育，是为了提高人的素质，培养的是能力；并将二者尖锐地对立起来。

实际上，人的知识的传授到能力的形成是一个有机的发展链条，即知识→方法→能力。知识是指客观世界的本质与规律，主、客体相互作用的社会实践过程之本质与规律，前者主要指自然科学知识，后者还包括人文知识。如果我们掌握知识之后，再把“知识”当作认识世界、改造世界的方法，即把知识转化为方法，就形成了能力，亦即认识世界改造世界的能力。能力是以知识为基础的，是在知识转化为方法的过程中实现的。从广义上讲人的一生都接受教育，但接受教育的阶段不同。在人的青少年阶段，即在学校学习阶段，尤其小学、中学阶段是以接受基本、基础的知识为主，当然也包括能力的培养与训练，进入社会后就在于把学到的知识转化为能力，以能力的发展为主，当然也包括知识的更新和再学习。这是人的能力亦即人的本质力量或主观能动性发展演化的一个循序渐进的过程。如果有后天形成的素质，而且素质即能力，那么培养这种素质最有效、有力的手段就是知识的传授及知识转化为方法的训练。在知识的传授过程中，考试是重要环节。考试既是学习的方式之一，又是检验知识传授质量的手段，还是学生学习的动力之一。考试可以是多层次、多阶段、多类型，多性质的。如果把考试作为学习的唯一手段和终极目标那么就超出了合理度，必须调整。在学习过程中，考试会演化发展，但不能或缺。不仅课堂教学需要考试，实验操作需要考试，社会实践训练也同

① 《辞海》中册，上海辞书出版社 1999 年版，第 3473 页。

样需要考试，亦即所谓“素质”的培养也需要考试。另外，从人类教育史考察，近代，特别是现代全世界的学校教育①，其中包括教育内容与形式，有其相同之处。而且，其发展演化也是一个循序渐进的过程。不存在，突然之间，即在一两年间，以一种教育体系如素质教育去取代另一种教育体系如应试教育。实际上，所谓的素质教育在学理上尚缺乏充分研究，在实践中也缺乏充分试验，仅是一些支离破碎的观念与做法。现今的中国基础教育的内容与形式与过去有所改革，但并无大的不同。虽“素质教育”口号响彻入云，实际操作则换汤不换药。我认为，教育体系发展到今天，其改革只能是一种调整，一种“度”的更科学的把握，一种局部的创新，而非另起炉灶，一体更新。这是不可能的，也办不到的。就改革而言，应当允许各种改革模式与旧模式同时存在，彼此竞争，在实践中汰劣存良。切忌用行政命令的手段，独尊一说而罢黜其他。这也是福州一中带给我们的启示。

作为一个人，陈君实深具个性与人格魅力。“陈君实给人的第一印象是身材魁梧，不苟言笑，令人望而生畏。”② 陈君实的风格就是“严”，科学态度的严谨，教学管理的严格，两难选择中的严峻。但他执着于事业，富于独立思考，勇于承担责任，爱护同仁，又赢得了广大师生的崇敬与爱戴。1964 年后，省委派来以省党校老干部郝云为组长的四清工作组，主要检查陈君实的办学方向问题。但在接触了陈君实本人及广大师生后，看到陈君实勇于承担责任，保护同仁，十分感慨地说过：“交朋友还是要交陈君实这样的人。”③ 陈君实两次离开福州一中，又是两次由福州一中的教师们把他“请”回来。在福州一

---

① 亦指中国近代出现的西式学堂。

② 朱鼎丰：《陈君实的风格》，《荆棘之路——陈君实教育实践文集》，福建教育出版社 2002 年版，第 80 页。

③ 马秀发：《诚挚、严格总是情》，《荆棘之路——陈君实教育实践文集》，福建教育出版社 2002 年版，第 165 页。

中，许多老教师都深藏着这份崇敬与爱戴。对此，游天容回忆道：“事实上陈老校长‘冷峻’的背后，含着他对事业热切追求之心，对知识分子，对能者相惜关爱之情。记得他在第三次回校任职时，曾考虑把‘文革’中外流的部分教师回收，并开始着手这项工作。（后因具体困难太多，没有实现。）一位已调回老家的张姓老师得到消息后，曾对我说：‘陈校长的意见让我非常动心……他就是那么硬板板的人。但要干事业就要跟这样的人干。’张老师与我同年来校，业精心犟，他与陈老校长一点‘私交’也没有。张老师的心态折射出当年福州一中更本质的东西，就是人心的凝聚力。”① 朱以南写道：“我始终把陈老校长视为自己的兄长和楷模，他的人格力量鼓舞着我，敢于直面惨淡的人生，承受纷至沓来的灾难，坚持住了，坚强地活下来，为教育事业奉献我的一切。”② 林碧英作诗道：“我是一名勤劳的园丁，我的园长是我难忘的引路人。他是人民教育家——陈君实，他坎坷的人生是一本超凡的书。”③

每一个时代都造就了那一时代的教育家。春秋的“百家争鸣”造就了孔子；两汉征辟、察举制的演化和发展使经学的传授由师传到家传，产生一批有名的经师；两宋的理学造就了书院的繁盛和程颢、程颐、朱熹这样的教育家；清末北方农村的贫困与愚昧造就了武训；民国时期的积贫积弱和西风东渐造就了陶行知、张伯苓；等等。

同样，应当看到，在当时，陈君实或任何一个人都没有力量或者觉悟与“左”的潮流抗争。如果抗争也必然在顷刻之间粉身碎骨、灰飞烟灭。但是他们可以有所取舍，尽管这种取舍也是危险的，陈君实

---

① 游天容：《往事反刍》，《荆棘之路——陈君实教育实践文集》，福建教育出版社 2002 年版，第 88 页。

② 朱以南：《五十年风雨兼程》，《荆棘之路——陈君实教育实践文集》，福建教育出版社 2002 年版，第 170 页。

③ 林碧英：《感恩节的梦之歌》，《荆棘之路——陈君实教育实践文集》，福建教育出版社 2002 年版，第 160 页。

在政治与理念中的这种取舍，用他的话来说“犹如走钢丝，太难了！”但人的良知、共产党员的事业心促使他在觉悟与本能之间，在虚虚实实之中义无反顾地进行着这种取舍，他为之付出了惨重的代价，然终“虽九死其犹未悔”。在这种取舍中，他超越了时代，超越了自我。我不由想起了司马迁《报任安书》中那一段千百年来脍炙人口的话：“古者富贵而名摩灭，不可胜记，唯倜傥非常之人称焉。盖文王拘而演《周易》；仲尼厄而作《春秋》；屈原放逐，乃赋《离骚》；左丘失明，厥有《国语》；孙子膑脚，《兵法》修列；不韦迁蜀，世传《吕览》；韩非囚秦，《说难》《孤愤》。《诗》三百篇，大底圣贤发愤之所为作也。”是啊，艰难危困，玉汝于成。从某种意义上讲，20 世纪 60 年代的福州一中，就是陈君实的“发愤之所为作也”。

2002 年 2 月

“高考红旗”祭

汪征鲁

在撰写缅怀陈公君实老校长文章的风雨夜里，仆临池危坐，竟在冥冥中写下“高考红旗”祭。

福州一中的前身，是创办于清嘉庆十二年（1817）的凤池书院和创办于清同治九年（1870）的正谊书院；而后为在晚清新政中亦即清光绪二十八年（1902）改革而成的全闽大学堂，此即为新式学堂。1915 年，此大学堂易名为福建省第一中学；其后，因中学的性质屡有变化而名称有省立福州初级中学、省立福州中学等；直至中华人民共和国成立后的 1951 年始最后定名为福建省福州第一中学，至今不变。福一中的历史，屈指算来有二百余年矣。那么，在母校两个世纪的历史中，之所以成为中国教育史上的名校，其办学过程中最大的辉煌究竟是什么？窃以为是“高考红旗”。

所谓“高考红旗”，是指福一中在 1957—1959 年连续三年夺得全国高考成绩第一名。据说，当时上海方面对此深表怀疑，经华东局同意将该年福州一中高考试卷调上海华东师范大学教师重新评卷，得出的对照结果是：福建方面的阅卷，文科偏宽一二分，理科偏紧二三分。他们对福州一中的高考全国最高水平完全信服。这之后，由于“高考红旗”的评比与当时“以阶级斗争为纲”的主流意识扞格不入，就无疾而终了。倘若继续评比下去，以福州一中的实力，有可能四连冠、五连冠。

古往今来，在幅员辽阔的中国夺第一，不管是什么第一，当然不是坏的第一，都是难于上青天的，况且高考这样神圣而公众瞩目的项目。加之福州一中其他方面的先进事迹，于是全国教育界来福州一中取经的人群一时间竟相望于道。当时，毛泽东提出的口号有“农业学大寨，工业学大庆，全国学解放军”，那是官方的。窃以为民间，在教育界有一个没有声音的口号：全国基础教育“学福州一中，赶超福州一中！”福州一中真可谓独领风骚十余载。老子曰：“福兮祸所伏。”在当时，福州一中的个性注定了她悲剧的命运，也注定了她会成为建国 17 年中国中学教育史上最辉煌的一页。

当时就有人以为“三连冠”能不能说明一切？“红旗”究竟能打多久？陈君实感到压力，但他有自知之明。他认为：“一所学校要保持第一流水平是可以的，但每次高考都名列第一是不太可能的，而以高考成绩作为唯一的标准来衡量一所学校教育质量的高低是不科学的。”

我认为对福州一中在 1957—1959 年的全国高考“三连冠”，应当有一个历史唯物主义的辩证认识。即把“三连冠”放在一定的历史条件下加以考察。如果是这样，我认为突出智育、“三连冠”是当时福州一中唯一可行而又比较正确的选择。

时至今日，关于福州一中“三连冠”、突出智育的功过得失的讨论还没有停止。有人认为，福州一中的“三连冠”、突出智育，实际上就是应试教育，而与今天的素质教育相对立；当然，也有人认为福州一中一开始施行的就是素质教育。

借这个机会，我想多说几句。“素质”系指原始的、根本的性质。《尚书大传》卷一下云：“定以六律、五声、八音、七始，著其素。”郑玄注：“素犹始也。”对人而言，就是人先天的解剖生理特点，主要是感觉器官和神经系统方面的特点。《中国大百科全书》“素质”条是这样阐释的："人的神经系统以及感觉器官、运动器官的生理结构和功能特点，特别是脑的微观结构特点，是能力形成和发展的前提条件之一，其缺陷会造成能力发展的障碍。"显然，这个"素质"是先天的，或者说是在人的长期进化、演化过程中逐渐形成的。这是"素质"的本义。当然不是"素质教育"所谓的"素质"。于是，素质又有了一个后起的义项。《辞海》有云："人们在实践中增长的修养。如政治素质、文化素质。"显然，"素质教育"之"素质"是指此而言。于是乎，有人据此阐释，以为"应试教育"仅仅是为了考试，传授的是知识；而素质教育，是为了提高人的素质，培养的是能力；并将二者尖锐地对立起来。对此，我实在不敢苟同。我们过去习惯了一种"非此即彼"的认知模式，如"不是东风压倒西风，就是西风压倒东风"，"凡是敌人反对的我们就要拥护"等，而不习惯一种"亦此亦彼"的认知模式，如光的波粒二象性等。实际上，人的知识的传授到能力的形成是一个有机的发展链条，即知识—方法—能力。知识主要是指对客观世界表象、本质与规律的认识，主、客体相互作用之社会实践之表象、本质与规律的认识，前者主要指自然科学之知识，后者还包括人文方面的知识。如果我们掌握知识之后，再把"知识"当作认识世界、改造世界的工具或方法，即把知识转化为工具或方法，就形成了能力，亦即认识世界、改造世界的能力。能力是以知识为基础的，是在知识转化为方法的过程中实现的。从广义上讲，人的一生都在受教育，但受教育的阶段不同。在人的青少年阶段，即在学校学习阶段，尤其是小学、中学阶段是以接受初级的基本、基础知识为主，当然也包括能力的培养与训练；进入社会后，也就是人的成年阶段，就在于把学到的知识转化为能力，以能力的发展为主，当然也包括知识的更新与再学习。这是人的能力亦即人的主观能动性循序渐进的发展演化过程。如果有后天形成的素质，而且这种素质即能力，那么培养这种素质最有效、最有力的手段就是知识的传授及知识转化为方法的训练。在知识传授过程中，考试是重要的环节。考试既是学习知识的方式之一，又是检验知识传授质量的重要手段，还是学生学习的动力之一。考试还天然蕴含了一种公正、公平性，除非人为地歪曲了考试。考试可以是多层次、多阶段、多类型、多性质的，但如果把考试作为学习的唯一手段和终极目的，那么就超出了合理度，就必须调整。在学习过程中考试会演化发展，但不能或缺。不仅课堂教学需要考试，实验操作需要考试，社会实践训练也同样需要考试。亦即所谓的“素质”培养也需要考试。另外，从人类的教育史考察，近代特别是现代全世界学校教育，其中包括教育的内容与形式，其共性是主要的。而且，其发展演化也是一个循序渐进的过程。不存在突然之间，即在十余年间，以一种教育体系如素质教育代替另一种教育体系如应试教育。要么，仅仅只是名称的改换。实际上，所谓的素质教育，在学理上尚缺乏充分的研究，在实践中也缺乏充分的实验，仅是一些支离破碎的观念与做法。现在的中国基础教育较之过去在内容与形式上有所改革，但并无大的不同。虽“素质教育”的口号响彻入云，实际操作则换汤不换药。我认为，教育体系发展到今天，其改革只能是一种调整，一种“度”的更科学把握，一种局部的创新，而非另起炉灶，一体更新，这是不可能的，也是办不到的。就改革而言，应当允许各种改革模式与旧模式同时存在，彼此竞争，在实践中汰劣存良。切忌用命令的手段，独尊一说而罢黜其他。这也是福州一中带给我们的启示。

我以为，所谓“第一”，就是状元，就是冠军，就是前无古人；且每每第一才能开风气之先，才能彪炳青史。纵观福州一中的二百年历史，其在书院阶段并无全国第一，在后来的中学阶段也唯有“高考红旗”获得了货真价实的全国第一，其在今后的发展阶段再获教育质量上的全国第一也难矣。为此，作“高考红旗”祭。

每一个时代都造就了那一个时代的教育家。春秋的“百家争鸣”

造就了孔子、墨子；两汉的征辟、察举制的演化和发展使经学的传授由师传到家传，产生了一批有名的经师；两宋理学造就了书院的繁盛和程颢、程颐、朱熹；清末北方农村的贫困与愚昧造就了武训；民国时期的积贫积弱和西学东渐造就了陶行知、张伯苓；等等。同样，应当看到，陈君实在政治与理念之间的这种取舍，用他的话来说“犹如走钢丝，太难了！”但人的良知、共产党员的事业心使他在觉悟与本能之间，在虚虚实实之中，义无反顾地进行着这种取舍，他构建了“高考红旗”，从而写下了20世纪五六十年代中国基础教育史上最辉煌的篇章，也为之付出了惨重的代价，然终“虽九死其犹未悔”。在这种取舍中，他超越了时代，超越了自我。我不由想起司马迁《报任安书》那一段千百年来脍炙人口的句子：“古者富贵而名摩灭，不可胜记，唯倜傥非常之人称焉。盖文王拘而演《周易》；仲尼厄而作《春秋》；屈原放逐，乃赋《离骚》；左丘失明，厥有《国语》；孙子膑脚，《兵法》修列；不韦迁蜀，世传《吕览》；韩非囚秦，《说难》《孤愤》；《诗》三百篇，大底圣贤发愤之所为作也。”是啊，艰难困苦，玉汝于成。从某种意义上讲，20世纪五六十年代的福州一中，就是陈君实的“发愤之所为作也”。

《荆棘之路》读后

张 连

陈君实同志1948—1952年与我一起工作。原漳厦泉白区党特派员罗林，原厦门市委书记陈华1947年冬在漳州被捕。不得已经华南分局同意：成立“中共泉厦临工委”，选我做书记，以后成立“中共厦门市临工委”，陈君实为书记。

这个党组织是属于闽西南，所以叫作“闽西南白区党”，这个组织有800名知识分子干部，大学学生党员干部就有300多人。人民解放军渡江，奉命恢复“安南永红二支队”攻下6座县城，掌握3000人和枪，牵制国民党两个主力军残部。边纵给我们番号是“第八支队第四团”。陈君实任一营教导员，我任副政委。

陈君实为闽西南白区党的贡献已有书公开发行。兹不赘言。我认为陈君实同志最突出的贡献是敢于公开抗拒友邻组织大量错杀城工部同志后，而将厦门一带近百名城工部同志保护送入闽西南游击区，为了保护这大批城工部同志，我们在华南分局乔冠华（当时香港新华社长）立下军令状，君实为革命利益准备牺牲自己。敢于承受牵连的灾难。君实同志第二件贡献是以他为首“闽西南厦工委”，为闽西南游击区输送近300个大中学党员干部入伍武装斗争。“安南永德是红二支队老区”；在1934—1935年有武装万人，但十多年后，干部失散，没有厦门市送近300个党员干部入安南永德，成为“八支四团”骨干，要攻占六个县城，牵制两个国民党军残部是不可能的，君实同志主持的市工委在培养党的人才，保护城工部大批人才，是有突出的功劳。

君实同志在福一中培养人才的实践经验，是符合时代要求的。当然，“荆棘之路”对陈君实同志而言，是走过来了，作为君实同志的朋友、同志，为君实实践胜利而庆贺。

2002 年

母校情怀

王任享　陈传群　薛敦松　傅济熙*

早晨一起床，光着脚就上操场。上完晚自习，到井台边用水冲一冲脚，踩着木拖鞋就回宿舍，不到冬天都舍不得穿鞋。回想起来，那“六载寒窗”虽然艰苦，却让我们得到了生活的磨炼，对我们一生都有好处。

我们四人于 1947 年一同考入福建省立福州中学——福州第一中学的前身，在那里度过了人生最关键的成长期。老师的辛勤浇灌，为我们奠定了扎实的学业基础，给了我们生命价值的启蒙；德智体全面发展的优良校风，陶冶和塑造了我们，我们的人生历程就从这里扬帆起航。

---

* 王任享，中国工程院院士、摄影测量与遥感专家，曾任总参测绘研究所所长。在摄影测量理论研究与工程，特别是卫星摄影测量平差等方面取得了重大成就。主持完成“卫星摄影测量”国家重点工程项目，首次实现了困难地区目标定位和测图，获国家科技进步一等奖。

陈传群，浙江省软科学研究会理事长。曾任浙江农业大学教授、省科委主任、省农科院院长等职。八项科研成果分别获省、部和国家科技进步奖，两次获国家星火特殊荣誉奖。

薛敦松，中国石油大学教授、博士生导师，曾任中国工程热物理学会流体机械分会副主任委员。获国家教委、科委和石油部科技进步一、二等奖，为国务院有突出贡献专家。

傅济熙，研究员级高级工程师，曾任中国现驻国际原子能机构代表团参赞、核工业经济研究所副所长。三次获国防科工委、国家教委科技进步奖。

作者四人均为福州第一中学 1953 届高中毕业生。

省福中是一所平民子弟为主的学校，校风淳朴。以我们寄宿生活为例，吃的是蒸罐饭，罐里是干是稀，全看家庭的能力。

最让我们难忘的是那些老师们。他们大多长期执教，既有丰富的教学经验，又极富敬业精神。仅以教过我们的老师为例，如后来成为全国教育群英的林桐绰和马秀发老师，一个理，一个化，讲起课来条理清晰，深入浅出，让你在课堂上就基本掌握知识。邓碧玉老师的生物课只有一个学期，却给我们留下深刻的印象。她不仅课讲得好，还积极安排课外活动，如带领我们到市里举办的《从猿到人》展览会上当讲解员，大大加深了我们对生物进化理论的理解。李政齐老师教我们语文兼班主任，讲鲁迅的代表作《药》，从写作背景、段落大意、文章结构到表现手法，条分缕析，最后以“药，药？药”归纳主题思想，真是言简意赅。他的精辟讲解，不仅帮我们理解了文章的深刻含义，更让我们懂得了如何阅读和欣赏，可谓终身受益。

在此，我们要特别说一说我们的校长陈君实。他是在我们进入高中后到任的，当时作为学生，我们对他并没有多少了解，只是发现他经常带领老师到课堂听课，老师的讲课水平明显提高。他来不久，学校就一派热气腾腾的景象。倒是在我们离校之后，陆续听到了许多关于他的故事。据说他到校第三天就深入课堂，在调查研究的基础上，便一头抓教师备课，规定无教案者不得上课；一头抓学生的学习主动性，要求教师注重启发学生的学习兴趣和潜力。几年下来，他的努力便见成效，从 1957 年开始，母校竟连续三年成为全国高考红旗，并引来全国 21 个省市的考察团，而他也因此成了众人瞩目的对象。但此时的他却反倒陷入深深的忧虑之中，因为他认为仅仅用高考成绩一项来衡量一所学校的教学质量是不科学的。他说，让一所学校保持一流水平是可能的，但要始终保持高考第一则是不可能的。没有想到的是，他竟因此遭到了批判。此后，他曾三次被迫离开，但又三次被请了回来。在每次离开的逆境中，他都利用劳动或工作之余认真读书、回顾和思考，对教育的理解遂更加深入。而每次回来，他的教育实践便都有了新的内涵。让我们高兴的是，他的教育理念最终经受住了时空的检验，得到了认可。1982 年，我国应邀向联合国教科文组织推荐 10 位普通教育家，他名列第一。在他从教 50 周年之际，母校举办了他的教育实践研讨会，并出版了《荆棘之路——陈君实教育实践文集》。

我们进入高中时，中华人民共和国刚刚成立，展现在我们面前的是明媚的阳光。那时，我们都是学校的、班的或团的干部，在努力学习的同时，都以极大的热情投身于各种社会活动，例如，组织“谁是我们最可爱的人”的主题团日、《卓娅和舒拉的故事》、高尔基的《海燕》诗歌朗诵会等，它不仅增强了我们的祖国意识、集体观念，也培养了我们最初的组织能力。《奥斯特洛夫斯基传》《钢铁是怎样炼成的》等小说是我们的精神食粮。“不碌碌无为，不虚度此生”成为我们的人生追求。

岁月悠悠，离开母校不觉已半个多世纪。如今，我们都已两鬓斑白，而母校情怀却依然如故。期间，曾重返母校，发现校园已换新貌，只有古老的榕树浓荫依旧，最引人注目的，是教学楼前新添的院士碑，它赫然矗立，作为她曾经的学子，不禁为之自豪。

母校像一棵参天大树，曾呵护我们茁壮成长。祝愿她根更深，叶更茂。

2008 年 11 月 21 日

恩师亲人

柯镜容*

我是五五届毕业生，1949—1955 年在母校福州女子中学就读，这六年是我一生的转折点，它给我带来希望、动力和奋斗目标。我是个穷孩子，年幼亡父，与体弱的母亲相依为命。1949 年后，是党给了我继续上学的机会。初中毕业后，为生活所迫，我准备考职高，但母校留住我，让我继续读高中，给了我在当时最高的助学金，每月 8 元。就在高三毕业前两三个月，我开始咳嗽，咯血，肺部有阴影，当时母校的柯晞老师（教政治）知道了，也很着急，说："如果得了肺病，不仅不能上大学，而且也不能去工作。"她带我去医院拍片、检查、开药，当然了，一切费用都由她包了，每个周日，叫我上她家吃个鸡腿和一碗鸡汤，更使我感动的是，她将她先生（陈君实，福州一中校长兼党支部副书记）每天喝的牛奶、豆浆、豆乐等营养品都转送给我喝，这几个月由于营养好，咯血止住了，人也胖了，再去检查肺部阴影也没了。我太高兴了，但心里也很过意不去。随后高考，我的高考成绩非常好，被第一志愿第一学校录取，但问题又来了，母亲体弱有病，没能力养活她自己，我是她唯一的女儿，我只能放弃上大学的机会，去找工作挣钱。就在我们母女俩发愁之际，柯晞老师爽快地

* 1955 届高中毕业生。

告诉我："你尽管去上海上大学，你母亲的生活由我来安排，这不是你个人的事情，是党的需要，国家需要大学生，需要技术人才。"当时，我们母女俩高兴得无法用言语来表达。到上海两周后，收到母亲来信说是柯晞老师把她接到家里互相照顾。在我上大学的五年中，因为母亲体弱干不了重活，只会烧一手好吃的菜肴和照看孩子，所以，家中重活还得由柯晞老师和陈校长自己干。我在上海学习的五年，是国家给的最高助学金。

大学毕业，我被挑选到中国核工业的重要岗位工作，尽管远离大城市，到遥远的大西北，生活极其艰苦，但我的心是火热的，它装着对党、对母校、对师长的感恩之情，迸发出报效社会、报效祖国的干劲。我勤勤恳恳的工作，没有辜负母校师长们对我的培养，借母校80周年校庆的机会，衷心感谢母校领导和各位老师，你们是我的师长，也是我这一生铭记在心的亲人。

追忆陈君实校长

池叔航*

陈君实校长驾鹤西去，他走得安详而有尊严。

1957 届丁班的学生，今年元旦一过，都年过八十了。微信群里，都在怀念我们的老校长。

陈校长从 1952 年起就担任我们的校长，先是副校长，到 1957 年毕业，彼此有五年的交集。

刚毕业时，对福一中的一切，不觉得有什么特别，一切都顺理成章的平淡。日后有了比较，有过坎坷，有过奋斗，很多年之后，回到母校得知，陈君实校长等一批老师，曾被批判为“右倾机会主义”“阶级立场不稳”和“白专道路”。陈校长要被“永远开除出党”，两度撤职调离一中……我们才顿悟，1957 年毕业之前，我们是有幸在陈校长的荫庇下健康成长的。真是“不识庐山真面目，只缘身在此山中”。

我们是受益于“全面发展”教育的一代。校园有浓郁的爱国主义和集体主义的氛围，教导我们团结友爱，好好学习，锻炼身体，全面发展，将来参加社会主义建设。向科学进军的口号激励着我们这些未成年人，奠定了我们的人生大方向和道德基础。记得初中某学期开学典礼，讲台上校长严厉批评上学期某班出现的考试作弊，一脸不苟言

---

* 1957 届高中毕业生。

笑的严肃，大礼堂鸦雀无声。学校反复强调先复习、后作业。作业是检验、巩固、提高的过程，要独立完成，反对抄袭、应付，以致后来我们遇难题，都不愿意别人提示或提供答案，传承了独立思考、一丝不苟的求是学风，学风很正。那时布置的作业数量不多，但求完成质量，负担不重，高考前寄宿生还是九点半熄灯。住家的张昭焕同学回忆说，“我们在家也自觉九点半左右睡觉”。好像从没有十一二点才睡觉的。考得还挺好，可见基础的扎实。在那么多优秀老师的引导下，我们几乎百分之百（生病的除外）被高校录取，连肄业生以“同等学力”去报考，也能录取。我们是幸运的。

后来我们毕业离开了，我们的师生情、同学情保持得比较纯正。我们这一代学生的某些特征，正是这幸运的环境所造就，主持福一中大方向的是陈校长。

2004 年正月初三团拜会上，我们班有三位从北京、西安、上海回来的同学（分别是清华大学、西安理工大学、上海同济大学的教授），和我一起毕恭毕敬走到陈君实老校长面前请安。当我们感谢母校给我们的栽培时，陈校长郑重其事地说——“我要感谢你们！”一脸不苟言笑的严肃。四位学生都有点不知所措：此话怎讲？看着我们一脸的茫然，陈校长说道：1957 年，我校高考成绩十分突出，北京、上海有关部门不少人难以置信，怀疑此中有诈，有举报到中央的。中央责令华东局书记柯庆施组织核查，请了一批专家，把福一中考生试卷全部封存调往上海复评。福一中成了受审对象，校长压力之大可想而知。核查结果，卷面无异常，文科评卷偏宽一二分，理工科偏严一二分，总体评价，成绩确实。这才使陈校长如释重负，并因此反而名声大噪。接下来连着三年高考成绩突出，有所谓“高考红旗”之称，引来教育部组织全国 21 个省市参观团到福建参观访问，福一中闻名全国。陈校长讲到这里说：“我怎么能不感谢你们呢？”

毕业五十六年后的 2013 年 9 月 24 日，我们班五个学生，到寓所拜望尊敬的陈君实校长。

陈校长生于1923年6月18日，那年91岁。见我们到来，十分欢喜。他的身体比预想得好，会见期间两个多小时，主要都是陈校长在讲，而且话题广泛，思路清晰，谈锋颇健。六七十年前的事，还讲述得有板有眼。

说到教育，陈校长赞赏犹太民族重视教育的特色，论各民族有成就的科学家，犹太人堪称第一，说犹太人认为中学阶段的教育，能决定该生是否可能成为科学家，可见中学教育之重要。对此，老学生深有同感。我们经历迥异，回头看人生，都有一个共同的感受：中学给予我们的，显而易见的是学科知识，也是后来深造的必要基础；长效含蓄的是"怎么做人？怎么做学问?"现在大概叫作"素质"的那些精神品质——那是润物细无声的，根植于青少年潜意识中，是心灵的塑造，我们身上似乎有一种"一中魂"附体。正是有此感悟，特别想看望栽培我们的老校长。

陈校长曾说："我有一个信念，教育学生知识，何错之有？我要活下来，好以后为自己辩护，如果死了，谁能替你辩护呀？谈到几亿农民工，他说，战争年代，我们靠农民军流血流汗打天下。和平建设时期，公路、铁路、桥梁、高楼，都是农民工建造的，他们应当有尊严地、堂堂正正地受教育。上大学不是唯一出路，职业教育要大力发展，让他们掌握现代科技技能，有尊严地走进城镇，得到应有的生存权。"他还说准备写一篇职业教育的文章，征询我们的意见。

陈校长对教育的信念，在困难面前的坚强，对撑托起共和国脊梁群体的感情，溢于言表，再次感染着我们这些老学生。面前可敬的耄耋之年的老校长，有着一颗永葆青春的心！

我们感恩陈校长，感恩一中的老师。

2019年1月11日

师恩难忘

——陈君实老校长访谈录

方　澄*

按： 1958 年毕业至今整整 60 周年，在这个特殊的日子，1958 届校友代表在陈君实校长女儿陈登登校友的陪同下，看望了陈校长。陈校长已年届 96 岁高龄，但精神矍铄，思路清晰，滔滔不绝，回忆往事。以下访谈内容根据录音记录整理。

陈（陈校长），孙（孙君梅），方（方澄），萧（萧能存），张（张师辉），叶（叶于奇），登（陈登登）。

孙： 毕业 60 年了，今天我们代表 58 届全体同学来看望您。祝您健康快乐，福寿绵绵！

方： 1952 年 9 月，我们入学，您也同时进校。从 1952—1958 年，从入学到毕业，我们是福州一中连续六年全程都在您的亲自培养、呵护下成长的一届，这一届我们获得全国高考红旗。

陈： 我是 1923 年 6 月 18 日出生在晋江安海，今年 95 岁多了。

孙： 前几天我们年段开高中毕业 60 周年纪念会时，应邀出席的老师们都说，那时一中培养的目标非常明确，就是如何把学生教好，

---

* 1958 届高中毕业生。

培养成才。你看我们班同学，大部分都是来自郊区农村的，但后来考上清华的就有10个。这说明我们一中的教学水平。

陈：但是这个呢，因为连续好几年考上清华的总是福一中最多，这就引起了有些人极大的怀疑，他们认为福建省福州市这么落后的地方，这怎么可能呢？一定是假的。假不假？那时上海是全国最发达的地区，有人向华东局告状。我还记得，忽然间就把福州一中的高考试卷全部收到上海，在华东局控制下进行复查。当时请了教授级教师，不够，又加上讲师，按当年高考标准重新评过，那不是抽选一卷、两卷，而是每一卷都拿来重评，重评的结果，还是说明了福州一中学生是认真读书的，成绩是真的而不是假的，才算了事。我当时自认为，我们的工作是对得起把孩子送到一中学习的每一个学生家长的。

方：我们这一届高中主要靠本校的初中生源，除了本校初中有35名同学直接保送上高中外，考入我校成绩最好的前60名中，外校的只有1名，前100名中外校的只有6名。我们这一届1952年初中的招生，是向工农子弟开门的，那时还没有设重点校。我们是在和各校基本相同生源的情况下，由于一中的成功培养，达到全国第一，创造了奇迹。

萧：不错，这一点我非常有体会。我是闽侯上街人。那年我从乡下来考，福州没有来过，不知道在哪里考、考什么，连钢笔都没有带。后来是在福州实验小学考的。录取时，在一中旧大门边上，看到榜单上有我的名字。我也不知道是怎么考上的。

张：那时我最有意思。我也是上街人，不过比萧能存的家还要偏僻。我们村里只有初小，小学四年级以后村里没得念，才到中心校去，所以到五、六年级和萧能存在一个班。初考时，我找到初小时的老师，他在首山住，后来就和他们村的两位学生一起到师大附中报考。我报的顺序是一中、二中、三中和师大附中，结果考上了一中。

萧：我们是幸运的乡下人，六年在一中这个日子过得真舒心，问题是招来之后，还考了个全国第一。

张： 刚到一中，真是让我大开眼界。第一次见到杨仲范老师教学生做体操，图书馆有那么多书，周末回家向家人介绍在一中早餐吃上油条、花生米……

孙： 一中一贯坚持德智体全面发展的教育方针。应该说在当时的时代条件和客观背景下，陈校长能坚持把德、智、体、美、劳全面发展作为培养目标是非常不简单的。

陈： 当时记得看到《共产党宣言》，受到启发，进了一中，我就要搞德、智、体、美、劳全面发展。德育，人类前进的方向算是德育吧，要全面发展，不但要上课，还要有课外活动。当时，记得下午体育活动学生必须全部出来参加，是不让待在教室的；对劳动教育也比较重视。

孙： 由于全面发展，所以我们一中学生虽然不是哪一方面都最强，但个个都是比较全面。

陈： 因为学校培养是基础呀，到了以后那就看各人发展了。

叶： 所以我们都感谢一中。

陈： 最根本是你们自己的努力，如果自己不努力，什么都干不成。

张： 但环境很重要。

叶： 没有校长的教导，没有教师的培养就没有我们的今天。

孙： 校长把握教育大方向这点很重要的，我们现在还是非常思念我们的老师，加之我们当年的任课教师都是非常棒的。是他们诲人不倦，谆谆教导，才有我们的今天，至今，我们还非常思念他们，师恩难忘啊！

方： 一中的教师是非常优秀的。但校长对教师教学的严格要求和把握，对教师教学热情的激发是非常重要的。当时，福州市除一中等老校外，还有原来的教会学校、私立中学，各校都有不少好教师，但是一中能做到各科都脱颖而出，就不单是教师的素质问题了。那天纪念会上陈肇和老师说，我们58届教学总设计师是陈校长。在我们人生发展的关键时刻，我们能在一中，有陈校长，有优秀教师的教导，得到最好的教育，让我们终身受益。

萧：在一中六年的生活，我们永远不会忘记。那里的校长，那里的教职员工，那里的榕树和街坊，东边读书西边睡觉，永远也忘不了。

方：谢谢校长又给我们上了生动的一课。

登：谢谢你们来看他。

高山仰止忆校长

程代展*

我们敬爱的老校长陈君实先生于 2018 年 12 月 23 日仙逝。虽然陈校长已属高寿，但初悉噩耗，依然心痛不已，许多往事又涌上了心头……

我从 1958 年到 1964 年在福州一中上学。当学生的时候，几乎跟陈校长没什么接触，印象中他身材魁梧，风骨峭峻，有一种不怒而威的魅力。

1958 年，我刚入初中，发生一次偶然事件。我因在操场地上信手涂鸦，被开除了少年先锋队队籍，此事一直成为我的“历史问题”。初中考高中，我幸运地考上了本校，据传我考了第一名，但如果不是学校肯担当，我很可能会被踢出校门的。到了高三，团委书记裕水老师多次找我谈心，还要我经常汇报思想。一次，他对我说：“陈校长看了你的思想汇报，他说要你好好学习，争取考上大学。”我后来才知道，那时陈校长一直在默默关心我，这让我很感动。

因为我的数学成绩比较突出，几任数学老师都对我特别好。世亮老师、维芳老师，还有碧英老师。高二时，碧英老师还不是我们的任课老师，但她从《数学墙报》上认识了我，就开始指导我学习一些课

---

* 1964 届高中毕业生。

外的数学知识。维芳老师其实是我们高中一、二年级时的任课老师，但他也一直关心着我。高二的时候，数学教研组本想推荐我参加福建省高三数学竞赛，但后来没有得到批准。事后，维芳老师对我说："代展，你要争取入团呀！"高考前报志愿，我知道自己有历史问题，很犹豫。维芳老师特地来找我，对我说："你要报清华、北大。清华、北大如果不敢要你，别的学校就更不敢要你了。"这才让我下决心报了清华。我那时少不更事，懵懵懂懂，不知道从校长到许多老师都在为我的前途担忧。

高考发榜后，当我得知我考上了清华大学，喜不自胜。那时候完全不知道，我是如何命悬一线地艰难走进清华校门的。这里的故事，是我许多年后才一点点弄明白的。

临赴校前，陈校长约谈了我，这也是我第一次和校长面对面谈话。

陈校长告诉我，清华大学到福建招生的两位老师为我的事专门和学校领导一起开了个会。开会时，把我的考卷摊在桌子上。会上，学校做了担保，保证我政治上不会出问题。就是这样，招生的老师才答应将此事上报学校。最后，是清华党委决定，才同意收我的。

后来听闻陈校长和碧英老师因为我多吃了不少苦头，心里很惭愧。1967 年回福州，我和冯苏苏去看望了碧英老师。当时问起陈校长的情况，也想去看望陈校长，但碧英老师劝我们不要去，因为我们都是"问题学生"，只好作罢。

1979 年，我考入科学院，成为"文化大革命"后第一批研究生。1981 年硕士毕业后，到美国华盛顿大学攻读博士学位。1985 年，以十六门功课及论文全优（GPA4.0/4.0）的成绩获博士学位后回科学院工作。1986 年回福州，到母校看望老师们，见到朱鼎丰校长、马秀发老师等。朱鼎丰校长告诉我，陈校长已调到福州大学，并打电话跟陈校长联系。陈校长立即约我见面。

第一次见面比较匆忙。陈校长主要问了我在国外的情况，他那时是福州大学党委副书记兼财经学院院长。他知道我是学系统控制的，告诉我说，财经系统也是系统，也需要控制。他约我到福州大学做一次学术报告，我答应了。他很快就安排好时间地点，通知我两天后去做报告。

两天后，陈校长亲自主持了我的报告会。我主要介绍了现代控制理论的前沿进展。会后，陈校长邀请我到他家，同柯老师一起吃了顿便饭。这次我们谈得比较多。我告诉陈校长，我大学其实只上了一年零八个月，真正的基础和学习方法其实主要是中学形成的。陈校长很感兴趣，他要我举个具体例子。我立即想到碧英老师辅导我学习数学归纳法的一件事。一次，我用数学归纳法做了一道比较难的数学竞赛题，自以为很得意。碧英老师突然问我："如果从 n 成立能推出 n+2 成立，数学归纳法还能用吗?"这件事让我想了一阵子。我原来只知道按部就班地套公式，直到想明白在这种情况下，如何使用数学归纳法才算真正懂得了数学归纳法的道理。陈校长对这个问题很感兴趣，问了许多细节。

那天，陈校长也说了许多，三句不离本行，都是关于教育的事。让我印象深刻的是，他谈到了许多一中毕业生的情况。他提到董琨、杨振华、刘尚培、冯华华和冯苏苏等。一个校长，对多年前毕业的许多学生，能如数家珍地谈到他们的近况，这种舐犊情深的师长情怀，真让我很受震动。

1987 年，碧英老师和王于畊老厅长到北京开全国政协会议，特别让司机开车来接我，到她们下榻的京西宾馆一起吃了顿饭。席间，碧英老师提到当年我上大学是在陈校长请求下，王厅长一手促成的。我本想询问其中详情，但王厅长却不让碧英老师讲下去了。我的心中平添了一个疑团。

2008 年回福州，与老同学林德忠、彭洪寿相约，一起去看望陈校长。因为事先约好了时间，陈校长敞开家门等我们。我送给陈校长两本我近期出版的学术著作，陈校长很高兴，说希望我做出更大成绩。谈话中又说起当年高考的事，陈校长说：“现在可以告诉你真相了，当年我没有办法说服清华大学招生的老师接受你，只好去搬王厅长当救兵，是王厅长说服了叶飞书记，用叶飞书记的热线电话向蒋南翔同志（当时的教育部部长兼清华大学校长）说明情况，才让你上的清华。”

我上大学的这件事，在《三个新四军女兵的多彩人生》① 一书中有更详细的描述。当年，我是一个毫无背景的穷孩子，是陈君实、王于畊、叶飞这些真正无私的共产党干部，才让我有了上大学的机会。没有他们，就没有今天的我，他们对我恩重如山。

我当初只当陈校长对我特别关照，后来，读了《荆棘之路》②，才开始明白陈校长的教育思想。这是其中的一段话：

> 他（陈君实）尤其着意保护学习拔尖的学生。当时，对这一类学生每每被视为“白专”分子。陈君实曾不无激动地说：“我们不要自己否定自己的工作，辛辛苦苦地培养出尖子来，学习好的学生，你就说他是‘白专’分子。为什么学习好一点，就是资产阶级的？我们还要不要尖子？我们做了这么多工作，都影响不了他们，他们都听了剥削阶级的话，这不是我们无能吗？何况他们绝大多数根本就不是剥削阶级子女。”对出身不好的拔尖学生，陈君实念其危困，更是悉心呵护。

陈校长，您将永远活在我们心中！

---

① 陈丹准、叶葳葳：《三个新四军女兵的多彩人生》，人民出版社 2011 年版。

② 朱鼎丰：《荆棘之路》，福建教育出版社 2001 年版。

（说明：2018 年 12 月 29 日，我在山东主持一个学术研讨会，作为大会主席，无法分身，没有参加陈校长的追悼会。今年 1 月 13 日，我又在日本上智大学进行学术交流，无法参加陈校长的追思会。惭愧之余，谨以此文作为我的一个书面发言，表达一点感恩与哀思之情。）

2019 年 1 月

按照教育的自性办事

——在陈君实校长追思座谈会上的发言

董　琨*

我得知陈君实老校长遽尔离世的消息，非常吃惊而且悲痛，虽然他已高寿九旬有六，又是可谓中国人无不希求得到的“善终”，但是仍然不愿意这个消息是真的，第一时间微信询问了陈日亮老师。得到证实后，以北京三牧校友会的名义向校友总会表达了全体在京校友的悼念之情，敬献了花圈，继而个人撰写了一副挽联：“生甘劳瘁，育才多翘楚；死备哀荣，泣血铸丰碑。”寄托自己的哀思。得知母校要举办老校长的追思会，于是专程从北京前来参加。

可以说老校长是改变了我的人生轨迹的一位恩师。他给予我的种种教诲，我曾经在收入《荆棘之路》的一篇题为《一位研究学生的教育家》的文章中大多谈到了。现在还想提起两件小事，以证心香：一是高中时，有一阵我迷上了篆刻，时不时就要练习一下。一次假期中，我在学校的某个教室里进行习作，老校长过来看见了，语重心长地告诫我：“你刻这个对学习有帮助吗？可不要玩物丧志呀！”现在看来，对于篆刻的功用，不妨有不同的见解和评判，我也并非在这方面有足够的天赋和才情，被这一句话“折杀”了。但是一位省重点中学

* 1965届高中毕业生。

的校长，对于一个普通学生施加如此细致的关心和呵护，是很不寻常的。二是高三时，有一次他在校园里遇见我，聊了几句，他说："我最近看了你做的读书笔记，也看了你交的作业。你的读书笔记做得很认真，标题还用了美术字；但是我看你的作业写得很潦草，怎么回事呢？"我怎么回答的，记不起来了。只是很吃惊校长对我这么关心，也很欣慰，尽管有表扬，也吃了批评，心里还是乐滋滋的。

这几天我总在想：我在一中就学的那几年，正是60年代开始、社会上"左"的空气越来越浓烈的时候，老校长怎么还能坚持让学生以学习、以读书为"正业"，甚至还要他们准备"将来出国留学"？是什么样的理念指导和支撑他的教育管理工作？不久前看到一篇文章中有一个词，叫作"自性"，意谓"事物自身的性质"，我认为老校长是按照教育的自性办事的。我又翻阅了《荆棘之路》，里面有老校长关于教育观念的自述，有一段话大意是"前贤对于教育的目的、目标的观念其实差不多，主要差别在于政治取向不同而已"。也就是说，这种观念具有普世性、普适性，古今中外皆无大异，大旨应为："教育就是教书育人。"育的什么人？应该是德才兼备的人才：人品高尚，不尚空谈；同时锐意进取，学业优秀。这就是教育的"自性"所在，只有遵循这种教育的自性，才能培养出对社会有用的人才，完成教育的神圣使命。

但是在那个年代里，要能坚持这种理念，要能真正按照教育的自性办事，谈何容易?！老校长能在那样的社会氛围里，特立独行，取得不俗的教育管理成绩，为福州一中的"高考红旗"作出巨大的贡献，除了他睿智的头脑、坚毅的信念、执着的努力之外，当然不无一些特别的助力（例如王于畊老厅长的鼎力支持），一些可谓"天时地利人和"的外在因素。这是众所周知的，不用我在这里赘述了。

在朱校长为陈君实老校长九十华诞所设宴会上的发言

汪征鲁*

仁者多寿，陈君实老校长在荆棘丛生的道路上跋涉了90个春秋。从陈校长的身材、性格等各方面看来，并不具有长寿的必然因素，一般是矮个子、性格温和随和的人比较长寿，而陈校长身材伟岸、性格宁折不弯。他为什么会长寿？我想，是因为他具有坚定的人生信念、自强不息的精神，这种信念、这种精神，我们不用怀疑，他能够活到一百岁。

陈校长的九十年就是中国传统社会近代化进程的九十年，就是中华民族要复兴的九十年，复兴的道路非常坎坷。近代化的道路也非常坎坷。九十年当中，在历史发展的每一个阶段，他始终站在历史发展的前面。这是非常可贵的。

他出生在一个基督教家庭，以后在厦大读书，参加了中共地下党，中华人民共和国成立后办教育。讲到办教育，他为什么总是那么有远见，这不是偶然的，他在探索中国发展的轨迹、趋势，不断探索中，所以他许多见解一语中的。特别是在20世纪五六十年代，他能把一中办得风生水起、办得有声有色，在政治与理念之间，在没有教

* 1966届高中毕业生。

育家的时代出现了教育家，没有教育学派的时代出现了教育学派。他表现了这样一种个性，等到改革开放、等到走向世界、科学发展是第一生产力，他都走在前头。

对我们这一代来讲，福州一中就是陈校长的化身，我们之所以有陈校长，有陈校长领导的福州一中，我们才把他作为我们的精神家园。

我认为陈校长非常有个性，他不苟言笑，非常威严。一次，我在福州教育研讨会上宣读了《在政治与理念之间》，林毅看了我的文章，对我说，他以前真的不理解陈校长。林毅当福州大学副校长时，陈校长是福大副书记，表意不太妥，感到非常难以接近他。想不到他的内心世界是那样炽热的爱，人道主义的爱，对待学生、教师的那种爱和那种保护。

今天看到陈校长鹤发童颜、耳聪目明、思维敏捷，我们感到极大的欣慰，最后我敬祝老校长寿比南山、福如东海。

2013 年 6 月 18 日

怀念陈君实校长

陈燕南*

校长走的消息，最早是我弟弟通过微信传给我的，大量相同的信息随后几天才如雪片一样接踵而至。我和我弟都曾是一中的学生，他建议我写点什么，以表我们兄弟俩作为曾经的学生对校长的缅怀之情。我一时也不知道要写些什么，只知道于情于理应该写，所以就答应了。

在家枯坐半日，不知道要写什么。是写纪念短文，还是写挽联？首先，文体选择本身就是个问题，写短文我不适合，校长跟我没有过多的接触，用这个体裁，一定会流于空泛。撰个挽联，也许不需要翔实的素材，但技术性要求较高，总结的角度不能太俗，能不能写好，甚或能不能写出来，都难说。

跟平时一样，写不出东西，理不清头绪，我不怪自己，都怪家里太安静、太方便，吃喝拉撒近在咫尺，电脑手机就在身边，弄得精神不能集中。我的解决办法往往都是开车到附近的一个超级市场，在里边附设的咖啡厅喝杯星巴克，希望那里熙熙攘攘的顾客，以及不算喧嚷的那种背景里的“白噪声”，会打开脑洞，给点启示，这个闹中取静、乱中乞灵的方法曾经屡试不爽，情急之下，只好再度祭起。

---

* 1966 届高中毕业生。

咖啡入肚，思考再三，我决定用挽联的形式来表达崇敬，寄托哀思。我给自己立了三条规矩：第一，必须是嵌名，也就是上联以君开始，下联以实开始；第二，必须避免用生僻的“古”字，即只用平常的素词；第三，必须既有一看就知的字面义也有稍经斟酌才能理会的引申义。第二、第三两点在平常的情况下往往会构成一定的冲突，因此，同时要求就会产生难度。

说来也奇怪，不到三十分钟，彼时彼情彼境竟然带来灵感，让我簌抖的笔尖淌出这样的上下联：

君临一世，此后人间无校长。
实惠几代，而今天下是学生。

除了“世”和“代”都是仄声不太合辙之外，我的三条规矩，或称愿望，似乎都勉强实现了。“此后人间无校长，而今天下是学生”，还有比这更“素”的词汇吗？君今辞世，人间不再有陈校长，此是根据事实的字面义；此后尽管校长到处都有，但都不会是陈校长，因此也就没有他这样难能可贵的校长了，这才是我要表达的引申义。下联，我的初稿是：“而今天下有学生”，当时用微信发给我弟的就是这个版本。“有”对“无”，没有更工整的了；“天下有学生”也就是桃李满天下，这是挽联贺联的老生常谈，此版似乎就是最好的。新版本是我第二天早上发给我弟的，那是经过一夜的考虑。《湘江评论》的创刊词——“天下者，我们的天下”给我以启迪。桃李满天下，这个结果还是不够的，校长的学生，对天下颇具影响者已经大有人在，说天下是（许多）校长好学生的天下，应该不是过分。“实惠几代”，狭义上可以理解为陈校长在任时惠及在一中学习的很多届学生；广义上，受益的学生，通过他们的连带受益人，即他们的配偶和子女，已把校长的恩泽传了几代。用“君临一世”来描写校长，有点森严，几分凛然，但那是我做学生时的印象，校长那伟岸挺拔的身躯，不苟言笑、不怒自威的面容，应该是当得起“君临一世”的，不过，这里的“几代”所对不工，以及“一世”是否过分强调了校长外表的严厉而忽视了他内心的仁义，这两点考虑一直如影随形，挥之不去。

近日，游天容老师为编辑纪念陈校长文集一事来函告知该文集拟收我的这个挽联，要我写几句话。他还告诉我，当年担任我的班主任时，陈校长曾关心过问过我这个“问题学生”的情况。言谢之余，我当即就对他表示我对“君临一世”改动的想法，并提出我的改动意见，获得他的首肯。以下是我所撰这个挽联的第三版：

君临一中，此后人间无校长

实惠几代，而今天下是学生

陈燕南谨记于 2019 年 8 月 11 日

刻骨铭心的记忆

乔梅英*

2018 年 12 月 23 日，是个令人痛彻心扉的日子——我们尊敬的陈君实老校长离世了。听到这个噩耗，我怎么也不能相信，从陈登登那儿证实后，我再也忍不住眼泪！不久前与陈校长见面的情景一再出现在我模糊的泪眼前。

那是 2018 年四五月间的一天，我与校友叶翔轻轻叩响了陈君实老校长的家门。2014 年 9 月，我俩也曾来拜望过老校长，那次，我们专程送来了我俩和几个朋友合作编撰出版的整套一百多万字的知青专集《插队往事》。我俩把这当作是学生向校长呈上的一份答卷。陈校长很高兴，夸我们做了一件大好事。久未见面，老校长身体可好？陈校长拄着拐杖走出来。虽腿脚不便，但他仍是那样高大、挺拔、健朗，脸上仍是我们十分熟悉却又倍感亲切的威严神情，可目光中分明又透露出心中的柔和、慈祥。落座后，我奉上了我最新出版的一部专著，陈校长笑了。我想，他看到昔日的学生仍在勤奋求知向上，心里定是欣慰的吧。老校长与我们聊起了繁杂的社会问题，聊起了教育现状，他的神情是那样肃穆、庄重。离休数十年的老校长，他那充满智慧的头脑从没停止过思考，仍以深刻的洞察力和敏锐的眼光关心着、

---

* 1966 届高中毕业生。

思考着世界局势，思考着祖国的前途和教育事业的发展。当聊到自己的身体状况时，他的言词变得十分幽默风趣了，引出我们的阵阵笑声……

才过了几个月呀，这样一位可敬可爱的老校长，怎么就离我们而去了呢？

可以毫不夸张地说，若没有陈君实老校长，福州一中辉煌的历史必将大为逊色。陈校长三进福州一中，以无可抵挡的气魄与无比冷静的头脑，领导了福州一中那极具挑战性的、在全国都深具开创意义的伟大变革，使得福州一中成为全国瞩目的一所名校。对此，凡亲历过的教师和学生的记忆都是刻骨铭心的。

对此变革的历程，我虽没有深入作过理性的探讨，没有作过整体的梳理与考据，然而这认识、这看法却深植在我心底。在此，我仅从我在福州一中六年的学习生活中截取几个小片断来表述我心中对一中的情感吧。

我是由福州实验小学保送到福州一中的，随着课程的进展，一个个课任老师在我们面前展露了他们各自的个性魅力和教书魅力。有的严肃，有的诙谐，有的少言，有的活泼，却都有一个共同的特点：爱学生，爱教书，让人心中温暖。每堂课都是在严谨又轻松的气氛中度过。我发现学校有那么多德高望重的教师，也开始明白了福州一中有更丰富多彩的生活，有更广阔的天地任我驰骋，这种感觉在我后来认识了不苟言笑却深得众望的校长陈君实之后，愈加鲜明。

那是陈校长二进福州一中时。听说老师们个个对陈校长十分敬畏，好奇心颇强的我便瞅准机会观察他，是的，他伟岸、严肃、不苟言笑、近乎冷峻，有了这样一位校长，学校的氛围似乎立时让人感觉更加庄重、肃穆了，从心里感觉这里不愧是个做大学问之所。很快，我又发现，陈校长时常走进随便哪间教室，随意与学生聊天，态度和蔼。有时，他饶有兴致地观看着在操场上嬉戏的学生们。我曾好奇地向班主任打听陈校长此前的经历。我不再怕陈校长了，但即便如此，性情颇为特立独行的我敢于对学校党支部书记、团委书记和有的老师顶嘴、耍小孩脾气，却在陈校长面前毕恭毕敬，不敢造次。我分明从老师们身上感受到了陈校长的人格魅力和育才精神。我庆幸有这样一位校长、有众多优秀的教师。

福州一中在我面前完全展现了灿烂的天地。在连续夺得“高考红旗”的福州一中学习，并没有我原先担心的那样“死念书”的气氛。学校所做的一切，让我领悟到马克思在《1844 年经济学哲学手稿》中的话：“创造着具有深刻的感受力的丰富的、全面的人。”学校在加强对我们的基本知识、基本技能培养的同时，着力加强对我们的审美需要——高尚的审美趣味和情操的培养，着力加强对我们创造能力的培养和对自身美的塑造的教育，这正是审美教育的最高审美价值，是教育哲学和审美哲学上的重要课题。陈校长深入细致地启发全体师生什么才是“使受教育者德、智、体、美、劳五育并举、全面发展的教育方针”。我尤其清楚地记得，他强调在教学中必须通过自然科学实验和广泛的社会调查才能逐步达到开发学生智力的目的；他强调美育的因素应当广泛地包含在各科课程和生活中，要从多方面培养学生审美能力，“通过举办课外兴趣小组的形式，培养学生观察、比较、分析、综合、判别和论证的能力”。

课外，我参加过学校的合唱团、戏剧组、历史兴趣小组、三牧文社。我真切地感受着学校对我们的人格教育、美感教育。

陈校长注重组织学生们接触社会，在有组织的集体劳动中开展社会调查，提高学生对社会的认识，让学生们在与社会的接触中通过分析、比较、议论、思考而得出正确的结论。在中学的几年间，哪次下乡劳动我们不是兴高采烈地去，心满意足地回来呢？哪次下乡我们不是跟农民结下了浓厚的友情呢？一次，从琅岐劳动回来时，陈校长对我们说：“你们现在该明白什么叫胸怀祖国、放眼世界了吧！”那时，我们并不知道《人民日报》曾就福州一中的下乡劳动专门发表社论给予鼓励和表彰，也不清楚福州一中的举动曾在社会上引起多大反响，但我们深切地感受到，参与社会主义建设的实践，投入火热的社会生活，学习做社会调查，对我们树立正确的世界观、方法论，对我们探索人生价值、社会发展，对我们提高课堂学习的热情和自觉性，都产生了多么深刻的影响！

2001 年至 2002 年，我作为“陈君实教育实践研讨会”筹备委员会成员参与了《荆棘之路——陈君实教育实践文集》的编撰工作。认真阅读了陈老校长的多篇论文和回忆录，阅读了众位老师和同学的研讨文章，由此，我才真正深入地了解和领悟了陈校长的教育理念、教育思想、教育实践。在编撰过程中，与陈校长的多日近距离接触、交流，我也更深切地感受到了他那极难得的人格魅力。他外表冷峻，内心却充满澎湃的激情，不论在何种环境和处境之下，他都在不懈地追求着至高的理想。正是陈校长崇高的、严谨的教育理念和内在的人格魅力，使得他治下的福州一中的校风（包括教与学）达到了极高的境界，成为誉满天下的重点名校。让人深为敬佩的是，陈老校长在研讨会上却一再强调：研讨不是为谁记功，而是为了总结办好福州一中的经验教训，不仅是为了让后人借鉴，更是为了让后人超越。这是多么感人的胸襟！

从福州一中毕业几年后，当我在文工团巡回演出、上部队下农村搜集素材创作节目、在舞台上演奏小提琴、演话剧之时，我清楚地知道在福州一中的学习生活给了我多大的教益。再后来，当我考入大专院校，当我成为报社编辑、记者、主任记者、高级记者，奔走在国内外的采访途中，屡获全国和全省大奖之时，我更是从心里感谢福州一中对我的培养。

在我心中，再没有一所学校能比得上我们福州一中的辉煌了！

深深感谢陈君实老校长！深切怀念陈君实老校长！

“这是汉堡”

乔桐封*

1961 年秋季，我入学福州一中，在福州一中度过了从初一到高二的学习阶段。作为学生，与陈君实校长少有直接接触，平日在校园里见到他的次数也不多。陈校长给我的印象是，个子高高的，走路挺着腰板，昂着头，双手常常背在身后，显得颇威严。那时候，我对陈校长是敬重，但多少是有些惧怕的。

前些天，姐姐乔梅英告诉我，陈校长于 2018 年 12 月 23 日逝世，她还寄送给我《荆棘之路——陈君实教育实践文集》一书。在哀悼陈校长的同时，我再次想起他给我上的一课。

那是 1962 年，我上初中二年级，所学科目中有一门“世界地理”。有一天，一节世界地理课后课间休息，许多同学都出了教室，教室里没有几个人，我坐在椅子上漫无目的地遐想。突然，一个人坐到我前面的椅子上面向我，我抬眼一看，是陈校长，顿时有些慌乱。没等我回过神来，他翻开我桌上的地理课本，指着那页一张地图上一个小小的圆点，轻声问我：“这是什么地方?”我看了看地图，是欧洲的一块版图，那个小圆点旁边没有标出城市名称，我嗫嚅地回答：“不知道。”陈校长缓缓地说：“这是汉堡，汉堡是西德最大的城市之

---

* 1967 届高中毕业生。

一，也是世界最大的港口城市之一。”他接着说了不少有关汉堡的情况。我现在记不清他说的具体内容，但记得他说到汉堡的港口吞吐量、交通情况、经济发达情况等，说完汉堡后，他又说了一番话，大意是：上世界地理课，要把它学活了，要了解世界上重要的城市和它们的基本情况，我赶忙点头答：“嗯。”然后，他起身离开了。

前后大概五分钟，他给我上了珍贵的一课。

很多年以后，我对这一课有了更深的认识。我想，在那个年代，他的教育理念已经超前了。

当年的世界地理课，一般讲授各国的疆域、地形、矿产、物产等概况，考试不会考到如陈校长讲的那些具体内容。然而，陈校长要学生“不做习题的奴隶，做书本的主人”，他那样讲汉堡，完全不从应试出发，是指导学生如何学地理的真正要旨。

福州一中高考升学率多年蝉联全国第一，初中升高中，是保证高中生质量的一道关口，各校对初升高也很重视。“世界地理”只在期末考试，不是初中升高中的考试科目，陈校长对这样一个科目看得那么认真，可见，那时候他的教育理念已经超越了升学率的束缚。

翻看《荆棘之路》，我了解到，陈校长 1980 年 11 月第一次出国，访问联邦德国和加拿大。他访问汉堡了吗？他记得 18 年前曾经给一个学生那样详细地讲过汉堡吗？

1962 年距今已经半个多世纪，这一课在我脑海里从未消退。任何时候，只要想起福州一中，我就会想起陈校长，想起他给我上的这一课。

陈君实老校长教育家的襟怀

叶　东*

福州一中陈君实老校长在2018年底因病离我们远去了，在他百岁生命中，他既是献身于党的年轻革命者，更是有教育理念的教育家。他的领导与我们一代学子的命运息息相关，我们悼念他的逝世，也深深感念他为培养学生几十年鞠躬尽瘁，奉献毕生精力。

我们六八届高中毕业生在1962年秋，困难时期结束时进入福一中开始初中的学习生活，也在此时，陈校长在离开三年后，二进一中担任校长职务，他对我们寄托重望，在新生训练报告中，他要求我们以崭新的一中人面貌做到德智体全面发展。在我们初中阶段，每学期都下乡生活劳动数周，接触社会实际，在农村劳动实践中学本领。还有课后兴趣小组活动，激励了同学们的学习热忱，大家争取进步，朝气蓬勃。

众所周知，在教育界一位优秀教师在毕生教育生涯中可育才数千，而一位杰出的校长可培养的英才则以万计。陈校长以他的努力和持之以恒领导福一中连续取得“高考红旗”，他的成就得到高度认可。1982年，他被联合国教科文组织列为当代教育家，对于他得到教育家的称颂，他都十分谦虚。后来，我数次回福州探亲，有机会与陈校长交谈福一中这些成就。他老人家思维敏捷，十分健谈，在话语间常

---

* 1968届高中毕业生。

常提及，要是没有当时教育厅和省级领导的支持，他也难以取得那样的成绩。在谈话中，他多次提到自己很荣幸以一中校长的身份到当时福建师范学院挑选自己认可的新教师人选，多次提及他从福建师范学院挑到的各科优秀毕业生。他老人家很自豪，如数家珍，认为能得到如此支持才使一中师资队伍高于其他中学的水平。

陈校长特别提到吕姓数学老师后来成了数学组的骨干教师及优秀班主任，证明他挑选人才眼光独到。他提到1962年夏季到师院数学系选新教师时遇到棘手的问题，这位吕老师是来自农村的优秀学生，在校时是数学系学生会主席，学业成绩拔尖，各方面出类拔萃，在画画方面亦有天赋，是个难得的人才。后因一些历史原因，师院反对此毕业生到福一中任教。最后，陈校长争取获得教育厅领导批准，让吕老师进福一中，成了骨干教师，为培养学生作出贡献。吕老师非常感激校长培育之恩，校长的慧眼识才改变了他一生的命运。

陈校长在百岁高龄仍心系教育事业，在几次与他的交谈中，得知我在纽约市公立学校任教，很关注地询问起在纽约公立学校系统如何教育资优学生。因我自己参与每年一月对四岁学前儿童进行一对一的甄别资优学童考试，就向校长介绍了考试的内容和过程，考试达标的学童可以到他们学区内离家近的有天才班称号的学校就读，用此方式学童可在本学区内的小学、初中上天才班。初中毕业时，要经过一场特殊考试，达到录取分数线可以上纽约市十来所精英高中，以此培养出资优学生。陈校长听毕，以十分赞赏的口吻说，这又是他们为社会培养人才的切实可行的办法，可以借鉴。

陈君实校长作为杰出的教育家，为后人、为社会留下了一笔巨大的精神财富，他的影响定会代代传承，他的身影、他的人格魅力都将活在学生们的心里。

2019年3月3日于纽约

忆陈校长

叶小宇*

我从少年的中学生时期初遇陈校长，到现在也已是退休的老人，每次见到陈校长，我总是会毕恭毕敬地称一声“陈校长”，这固然是因为刚故去的陈君实老先生在教育界以及当年一中师生中的威望，更因为他是我心目中一位真正值得尊敬的人。

回想当年有幸进入福州一中这所名校，果然名不虚传，老师严格又亲切，同学勤奋守规矩，这种严肃而又活泼的校风，令人“如入芝兰之室”，不久便浸染其中。

在校园里，偶尔可以看到匆匆走过的陈校长，不苟言笑，自有气派，尤其是不怒而威、若有所思的目光。我始终觉得，陈校长高大挺拔的身影，似乎就是当年福州一中名校风范的象征。

严谨而扎实的教学基础，自然使得这所学校以学业优异而闻名遐迩，然而当年一中的学风并不只是刻苦勤勉。多年之后的同学聚会，忆及当年的学习生活大家常感慨万千，不断提到的美好回忆是下乡劳动实践的往事。城里学生初次下乡，农村、农民、辛劳的农活，自然使得少年们增长见识，而亲密的集体生活和美丽的乡野风光，也为青春岁月留下了温馨的色彩。这种每学期两周的下乡社会实践安排，正

---

* 1968 届高中毕业生。

是陈校长的首创，曾经登上了《人民日报》的头版头条。

百年多来，福州一中一直是闽省名校。在陈校长任期间，更是名扬全国，这自然是有高考成绩这个标杆为凭证。然而与清朝和民国时期的校长们不同的是，陈校长是一名共产党员，他是在党的领导下管理这所名校的。中华人民共和国的教育方针，是培养有社会主义觉悟、有文化的劳动者，也就是《共产党宣言》所倡导的“每一个人的全面发展”。

1965 年，我进入高中学习，适逢学校推行教育改革，我被分在实验班。陈校长大刀阔斧地“砍”掉了将近一半的课程：上午只上三节课，下午除了体育课就没有正课了，同学们可以根据自己的兴趣爱好，参加各种“兴趣小组”，如文学、科学实验、航模、音乐绘画、各种体育项目等。课外作业也大大压缩，代之以推荐的课外读物。任课教师力图改变以考试为导向的教学方式，他们启发式的循循善诱，使得课堂里的气氛十分活跃，同学们也必须开动自己的脑筋。

正是在这一年里，尽管学习压力大大减轻，我对于原先主要是“任务”的学习却兴趣大增，开始真正感受到老师所传授的这些人类智慧结晶的魅力。如今回想，这颗最初发芽的种子使我在之后的人生中获益无穷！

我与陈校长有更多交往是在 20 世纪 70 年代末，那时我也已经结束学业，开始投入到中国社会的大变革之中。古之君子“望之俨然，即之也温，听其言也厉”，我去见陈校长时，正是如此观感，没想到过去有些望而生畏的老校长，也和我这个年轻人平等地讨论问题，他观察问题时的见识常常发人深省。

记得是在 20 世纪 90 年代初，陈校长退休后，回到闽南家乡附近的一所中学，决心继续实践自己的教育理念，改变这所学校的面貌。我曾到这个乡村学校去看望老校长，柯晞阿姨热情地留我在学校住了几天。一天傍晚，我陪着陈校长在附近的一座石板长桥上散步，四周景色秀丽，石桥对面就是他的故乡，或许是有些触景生情，他说到了童年往事，说到在这所农村中学遇到的种种问题，由此谈到当时国家面临的困局……那个乡野的美丽傍晚，我留下的回忆却是老校长忧国忧民的一片深情。

后来的许多年里，我如有机会到福州，总要去看望陈校长，聆听他的教诲。每次见到老校长，没有寒暄，不说家长里短，我是从事新闻工作的，一交谈起来，总是国计民生、天下大事。最后一次见到陈校长，他已九十高龄，坐在轮椅上的老校长已是垂垂老矣，原想问一下身体状况，他却全不在意，还是一如既往，说起时局，便情动于中，不吐不快。他忆及当年目睹国民党军队在日寇入侵时，带着财宝细软和姨太太狼狈逃跑的情景，他说这就是他这个大学生当年选择加入共产党的原因。

在陈校长的追思会上，墙上挂着他的遗像，这是一张晚年的生活照，老校长的神情流露出慈祥，他的目光依然睿智而坚毅，仿佛穿越了时空，在凝视着我们……我只有在心中，再毕恭毕敬地呼唤一声“陈校长”！

一事一议话校长

陈诗豪　李晓光　卫小林　陈东博　曾　璜

陈诗豪（1966 届高中）

当年的陈校长身材高大魁梧，尤其穿着黄褐色皮夹克的形象，更像一幅油画印记在我的脑海里。

陈校长只给我们上过一堂课，但那节课给我的启发终生难忘。

那是一节政治课。因授课老师请假，进来代课的竟然是我们平常很崇拜又有点神秘的陈校长。因为第一次听他上课，所以特别专注。他叫我们打开《毛泽东选集》第一卷，读了一条关于《矛盾论》的注释，然后推理展开，整整讲了一节课，我津津有味地听完这节课，猛然悟到，原来读书要这样读。陈校长依据一则两三行字的注释，不用讲稿，竟然可以讲一节课，抓住要领，逻辑推理、生动比喻尽在其中。这一节课教给我的学习方法，我用了一辈子。

李晓光（1966 届高中）

大概是 1990 年春夏间，我收到智渡江发来的传真，说是教委有几位老同志要来香港，老校长陈君实同行。

春末夏初，待陈君实一行到时，近中午天已热，我将大家的房间分配好后，就向陈校长打招呼，与他攀谈。他问了不少情况，校友会的活动、1959 届印尼侨生现状，以及与台湾同胞的往来，涉及面很广，我尽自己所能予以回答。

当我为1966年大字报一事向他致歉时，老校长止住我，不让我继续说，他说“要向前看，过去的就不再提了”，20多年未见，我想当面反省的几句话还未出口，就被阻止了。

匆匆一见，不足一个小时，总算是与久别的老校长重见了一面。他依旧精神，少有倦意，与20年前并无多大变化。(2019年3月追忆)

卫小林整理（1966届初中）

陈登登（陈君实女儿）：小时候我们一家住在一中宿舍，弟弟陈小钢还没上学，终日在校园里四处撒欢儿、惹祸……

游天容（福州一中退休教师）：1964年，一中校园掀起一场大字报运动，炮轰校领导，批判办学路线，不乏直指陈校长。

陈登登：校园里铺天盖地的大字报，其中有一张题为《也谈校长公子》，就贴在天桥下我家窗外。

丘熙洽（原福州一中教师）：那是我写的。我当时想，既然发扬民主，写写校长公子又如何。

陈登登：大字报历数了六岁弟弟的斑斑“劣迹”，比如，把操场上老师排列整齐上体育课用的排球踢得七零八落，惹得同学们哈哈大笑，老师看了也很无奈……

游天容：那张大字报我印象深刻，陈校长抱起小钢指着大字报逐字念给他听，那场景至今历历在目。

丘熙洽：不止一个老师对我说，你怎么敢给校长写大字报。

游天容：当时我们还真替熙洽老师担忧，但陈校长就像什么事都没发生，依然对丘熙洽疼爱有加。陈校长的识才、爱才，用才、容才，可见一斑。

陈登登：打那以后，调皮捣蛋的弟弟在一中校园乖乖地贴着墙根儿走。爸爸给他念大字报的事，他至今没忘。

陈东博[1] **（1967 届初中）**

陈校长是我父母十分敬重的老领导，有很长一段时间我们两家是邻居，走得很近。几年前回国拜访老校长，有幸与老校长共进晚餐，并和他就一中的许多尘封往事进行长谈。“文化大革命”时期，我的父亲本被定为“右派”，由于陈校长的帮助渡过了难关。我特地向老校长了解这段历史，并向他表达我的深深的感激之情，如果没有他的帮助，我父亲的命运将彻底改变，而我的生活轨迹也会不再一样，他是我们一家的恩人，恩重如山！陈校长还保护了一批有真才实学的学生，使他们后来成为国家的良材。陈校长铮铮铁骨，一身正气，一个正直、睿智，能把工作做到极致的了不起的好人走了，但他永远活在我的敬仰与怀念之中。陈校长出生在一个牧师的家庭，这对他有着怎样的影响？这个我想探究的这个问题已成为无法实现的一个遗憾。

曾璜（1975 届高中）

登登、小钢：

今天早上醒来看到第一条微信就是君实伯伯走了，很难过，你们也节哀。这么多年有登登陪伴在旁，也算是君实伯的福气了。长辈之中，君实伯对我影响最大。记得 70 年代初，他就多次告诫我们“一定要读书！”有一次在我们家，看到我们姐弟终日无所事事地玩，他拍着桌子指着我们的鼻子训斥道：“我就不相信读书没用！你们要读书！你们要读书！”1974 年，他将随父母下放农村的我，安排回福一中读高中；1976 年，安排我回福一中补习、参加高考。1977 年恢复高考后，我们姐弟三人都考上了大学，后来，我考上了南开大学，从此改变了我的人生。因在外，不能前去送老人最后一程，请我姐她们代表前往悼念，告慰君实伯伯：我在包括清华、北外、央美、北京电影学院等所有大学的授课中，都会提到君实伯伯对我们的帮助和教诲。

---

① 陈东博是福州一中老教师陈守仁、林碧英的儿子。

感　念

杨曾和*

1952 年夏，由各处选调到福一中的骨干陆续到岗。陈君实校长当年 29 岁，任副校长。我父亲从省政府财委会调入，任俄语教研组长，我母亲从十六中化学组调入，改教数学。在王于畊厅长的支持下，在全体师生努力拼搏下，福州一中取得连续三年全国“高考红旗”的好成绩，创造了福建教育的历史高峰。

1965 年夏，福一中一口气调出二三十名教师，支援山区，我父母亲也在其中，全家五口人告别省城，到闽北浦城一中，虽然不降级、不减薪，但是环境确实差了很多。

这件事，背后议论不少。

但是，我却没有听到父母说什么。倒是到 90 年代，母亲和我聊天时，常常提起。母亲说，“把我们调浦城，好处不少哩”，一是父母亲在福一中高负荷工作 13 年，才四十出头，就查出高血压、冠心病等，浦城一中节奏相对慢一些，压力小；二是父母亲初到浦城，人事关系简单，日子平静；三是俄语因中苏关系而转冷，60 年代初，父亲的老同学不论在军队，还是在上海，基本上都转行了。福一中不开俄语课是大势所趋，去浦城工作，回老家也近了一半的路程。所以，

---

* 杨曾和是原福一中老教师杨顺章、曾奋兴的长子。

要感谢王厅长和陈校长。

1973 年，陈校长在省委党校学习班，他的同窗安某某和他聊天时谈到了我的父亲，陈校长连连说老杨是厚道人，这是安回到浦城后，告诉我父亲的。

1977 年恢复高考，英语教师奇缺，我母亲已经退休，又被福一中返聘，任英语教师。我家当时租住的湖东路平房，将被开发为中山大厦。这样，栖身之处成为大问题，正好福一中盖了教工宿舍楼沁楼，母亲向学校申请，但缺房人很多，困难重重，父亲只好去教育厅（陈校长兼任副厅长）找陈校长。

陈校长了解情况后，当即表示会帮助我们全家解决住房问题。后来经过严格的审核，我们家被分了一套房子，我知道陈校长在这个过程中一定帮助了我们很多。

一中的“门神”

高上达*

编者注：陈君实老校长对阿肥伯和食堂的几位工友一直很好，多有夸赞，他说阿肥伯敲钟准点分秒不差，故此编者特奉上此文，抚今追昔，遥寄斯人。

“门神门神骑红马，贴在门上守住家；门神门神挎大刀，大鬼小鬼进不来。”每当唱起这首歌，我的脑子里就会不由自主地浮现出胖依伯的模样。20世纪五六十年代的福州一中学生，无人不对当时一中传达室的胖依伯有深刻的印象，胖依伯是我们名副其实的“门神”。

胖依伯的大名叫张敏藩，可几乎没有学生知道他的真名，但只要一说“胖依伯”，却无人不知晓，每个一中学子在进校的第一时间认识的就是胖依伯，因为他要么在校门口，要么坐在传达室，或站在大门旁，学生来上学，快走到大门口就能一眼看到他。胖依伯中等个子，但体型特别肥胖，圆圆的大头剃了个和学生一样的平头，两颊上的肉鼓鼓囊囊的，挺着隆起的大肚子，眼睛虽小，却无时无刻不盯着校门口。他一眼就能判断出这个进来或出去的人是不是一中的成员，或教师，或学生，能不能让他或她进来或出去。如果有不该进来的人

---

* 1966届初中毕业生。

溜进学校或不该出校的人偷溜出学校，他会迅速地迈开双腿追上去，把不该进来的人赶出去，或将不该出去的人拦在校门内。尽管他脚上穿着一双木屐，走起路来踢踏踢踏响，看起来并不利索，但跑起来却飞快，好像那双木屐是他的风火轮，能逮住任何他认为犯规的人。所以那时候我们这群不懂事的孩子就在私底下偷偷地传说，胖依伯过去当过骑兵，所以人虽胖，身手却还那么矫健，谁也别跟他过不去。

胖依伯的职责是打铃、收取来往信件、把门。看起来不复杂，做起来却没那么简单：从早晨起床到晚上熄灯，中间包括早操、早自习、吃早饭、课前十分钟、上课、下课、午饭、午休、午休起床、再上课、下课、晚饭、晚自习、下自习、熄灯……一天打铃不下二十几次，胖依伯的铃声从来是分毫不差的，所以我总觉得他的家就是传达室，如果他不住在那里，哪能天天一声不落地指挥着我们呢？

一中寄宿生的管理非常严格，可谓半军事化管理，除了星期六放学后可以离校回家，星期天晚自习之前必须到校外，其余时间只有星期三下午下课后可以出校门走走，买些生活必需品，吃晚饭之前必须回来。胖依伯认识每一个寄宿生，谁也别想在非外出时间走出校门，还没等到你走到校门口，胖依伯的眼睛已经扫过来，一个眼神就把你挡在校门里面了。有人星期三下课后出校门去偷看电影，晚自习逃课，那就只能从三牧坊的后校门翻墙进来而不被胖依伯逮住了。胖依伯的另外一个职责是查校徽，那时候的校徽是用一块长方形的布条做的，大概有 2 寸 ×0.5 寸见方，上面写着“福州第一中学”，布条外面用一块透明的胶片状的明箍片保护，叫作“符号”。每天上学必须把符号别在左胸前，没戴符号不能进校，以此培养学生的纪律观念。胖依伯一丝不苟地执行学校的规定，每天上学的时候都在校门口检查学生是否戴符号，没戴的人被拦住不让进校。寄宿生的符号与走读生不一样，寄宿生的符号的下角印有一个红五角星，每次回家出校门要检查带出的物品，包括符号。有一次我们班一个寄宿生要回家，走到校门口忘了带符号，就向一位走读生借了符号想蒙混过关，没想到胖依伯一眼就看出来，把符号一把抓到手里没收了，走读生赶紧向胖依伯做检讨，可胖依伯怎么都不依，这位走读生只好每天提早到校门口，趁胖依伯在扫地、擦桌子的一瞬间溜进校门。有时校大门不开，仅开一小门，这位走读生就要在门口偷窥很久，趁胖依伯转身的一刹那溜进学校。到了期末，走读生写了检查交给胖依伯才讨回符号，胖依伯诧异地说：“我抓你抓了一个学期都没抓到，你是怎么进来的?”一番好言好语求饶，双方这才得以和解。

胖依伯的严格并非与生俱来，他的严格是建立在一中的校风之上的。福州一中历来对学生的管理非常严格，以此培养学生的组织纪律观念和准时守时的好习惯，并以此入手培养学生一丝不苟的学习态度和严谨的学习作风。这是陈君实校长的治校理念，我们在校三年，大部分人没跟陈校长说过一句话，但却从一中的每一位老师、每一位工人那里感受到了老校长的治校理念。胖依伯是严格治校的最具体、最忠实的执行者，我们在胖依伯身上看到的并不只是他一个人的工作作风，而是福州一中的治学传统。这种治学观念融入了每一个教师、每一个工人的血液中，成为他们的自觉行动。也正因为如此，从福州一中走出来的学生多数能够终身保持严谨求精的作风，不投机取巧，不弄虚作假，在各个岗位上兢兢业业地作出奉献。

我一直以为胖依伯就住在传达室里，因为我从来没有见他离开过传达室。20 世纪 70 年代末，有一次我和几个同学经过一中后面的卫前街，竟然看见胖依伯坐在街边。卫前街与其说是街，不如说是一条破陋的小巷，巷子旁边的木屋又破又矮，胖依伯坐在一间小房子门口的旧椅子上，肥胖的身躯窝在椅子里，脸上布满皱纹，显得臃肿衰弱。我意识到他再也不能像以前那样跳起来追我们了，不觉心里一阵酸楚。意外相逢让我们很惊讶，简单地聊天后知道这就是他的家，我怀疑那个小房子怎么能容得下他那巨大的身躯。住在这样简陋的屋子里，生活如此艰难，却对自己的工作如此一丝不苟，我不禁对胖依伯肃然起敬。福州一中正是靠着这些兢兢业业的人培养出一批批兢兢业业的学生，这就是一种精神，是一种永远不能丢弃的精神！

多少年后，我回到母校，看到传达室的工人是一位和胖依伯长得很像的中年妇女，她是胖依伯的女儿张伟济。她接了爸爸张敏藩的班，做了和爸爸一样的工作，看到伟济，又让我想起了敏藩。感谢您——胖依伯，把一中的好作风教给了我们，您和福州一中的老师一样，都是值得我们想念和感谢的老前辈！

中共福州大学党委悼词

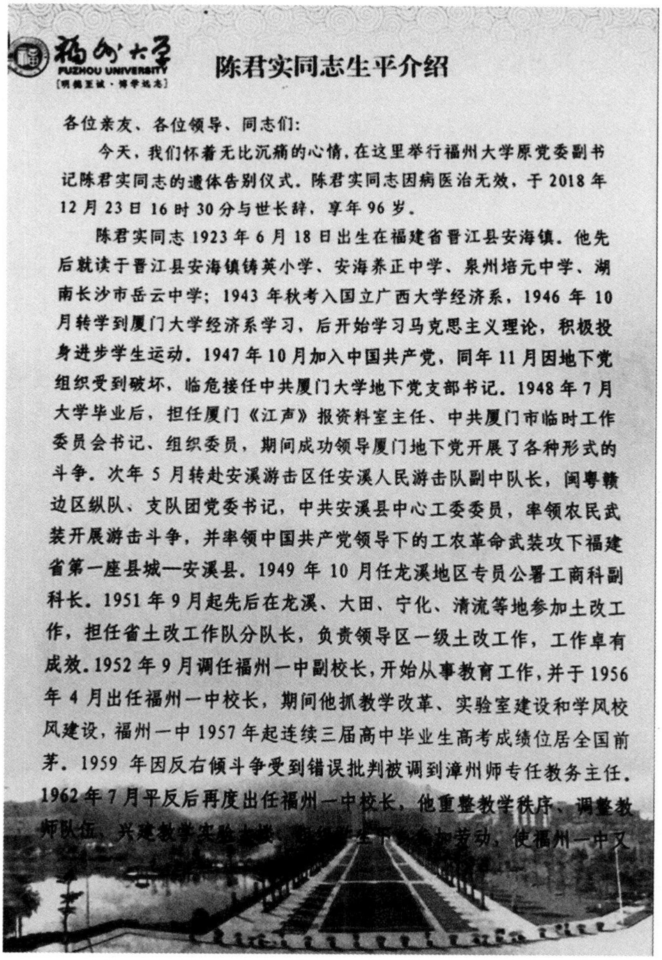

福州大学
FUZHOU UNIVERSITY
[明德至诚·博学远志]

陈君实同志生平介绍

各位亲友、各位领导、同志们:

今天，我们怀着无比沉痛的心情，在这里举行福州大学原党委副书记陈君实同志的遗体告别仪式。陈君实同志因病医治无效，于2018年12月23日16时30分与世长辞，享年96岁。

陈君实同志1923年6月18日出生在福建省晋江县安海镇。他先后就读于晋江县安海镇铸英小学、安海养正中学、泉州培元中学、湖南长沙市岳云中学；1943年秋考入国立广西大学经济系，1946年10月转学到厦门大学经济系学习，后开始学习马克思主义理论，积极投身进步学生运动。1947年10月加入中国共产党，同年11月因地下党组织受到破坏，临危接任中共厦门大学地下党支部书记。1948年7月大学毕业后，担任厦门《江声》报资料室主任、中共厦门市临时工作委员会书记、组织委员，期间成功领导厦门地下党开展了各种形式的斗争。次年5月转赴安溪游击区任安溪人民游击队副中队长，闽粤赣边区纵队、支队团党委书记，中共安溪县中心工委委员，率领农民武装开展游击斗争，并率领中国共产党领导下的工农革命武装攻下福建省第一座县城—安溪县。1949年10月任龙溪地区专员公署工商科副科长。1951年9月起先后在龙溪、大田、宁化、清流等地参加土改工作，担任省土改工作队分队长，负责领导区一级土改工作，工作卓有成效。1952年9月调任福州一中副校长，开始从事教育工作，并于1956年4月出任福州一中校长，期间他抓教学改革、实验室建设和学风校风建设，福州一中1957年起连续三届高中毕业生高考成绩位居全国前茅。1959年因反右倾斗争受到错误批判被调到漳州师专任教务主任。1962年7月平反后再度出任福州一中校长，他重整教学秩序、调整教师队伍、兴建教学[illegible]加劳动，使福州一中又以出色的成绩为社会所认可。“文化大革命”中，陈君实同志遭到迫害，1966年5月起他被押在福州一中劳动。1972年8月至次年4月在参加完省革委会学习班学习后被重新安排在福州抗菌素厂任革委会副主任。1977年11月转任福建省科技情报所所长、支部书记。1979年11月起他第三度出任福州一中校长并兼任党支部书记。1980年4月至1983年7月任福建省教育厅副厅长、党组成员，分管中学教育业务，同时仍兼福州一中校长，继续推进中学的教育教学改革，为福州一中的建设发展倾注了大量心血。1983年7月他转任福州大学党委副书记兼财经学院院长、党委书记，期间工作严谨认真，一丝不苟，与校领导班子成员一同积极推进以教学科研为中心的改革，为福州大学的建设和发展作出了重要贡献。1982年他被联合国教科文组织列为当代普通教育专家；1984年入选中国名人录，与蔡元培、李大钊等前辈一起入选《中国现代教育家传》。1989年，66岁的他光荣离休。离休后，他仍十分关心中国教育，继续为教育事业发展倾注心力，并在1991年夏应邀返回家乡协助创办南安南星中学及主持创办了南星职业技术中专。

陈君实同志的一生，是革命的一生，是奋斗的一生。无论在哪一个工作岗位，陈君实同志始终勤勤恳恳，默默奉献，为中国革命事业和中国教育事业鞠躬尽瘁、奉献终生。

陈君实同志的辞世，使我国失去了一位优秀的教育家，使我们失去了一位好领导，失去了一位深受大家爱戴的好长辈，也使子女失去了和蔼可亲的好父亲。他虽离我们而去，但他勤恳敬业的奉献精神，艰苦朴素的优良作风，忠厚耿直的高尚品德将永远铭刻在我们的心中，与我们同在，永世长存。

陈君实同志安息吧！

我们永远怀念您！

在陈君实老校长追悼会上致悼词

朱鼎丰

各位老校友、尊敬的老教师、各位同志：

我现在怀着沉痛的心情追思着陈校长，在21世纪初，2001年，正逢陈君实老校长从事教育工作50周年，我召集了一些老教师、老校友来谈谈50周年纪念活动的时候，座谈会上老教师、老校友一个一个非常兴奋地说，我们福州一中在100多年来的历史上，曾经经历过30多位校长，没有一位校长像陈君实校长这样，对福州一中的影响如此深远。

为此我作为主编，编辑了一本文集，我把这本书定名为《荆棘之路——陈君实教育实践文集》，为什么说是“荆棘之路”呢？大家在会上都谈到了，陈校长在福一中的日子里，以开拓、创新的精神，对中学基础教育进行了艰苦卓绝的探索与攀登，取得了不朽的成绩。

1952年，陈校长奉命第一次踏进福州一中，开始了基础教育探索之旅。在他的主导下，学校成为省教育厅的“实验田”，并从1957年开始，连续三年高考成绩居全国之冠，总结出教育、教学、管理诸方面的经验，产生了规律性的认识，受到了教育部与全国教育同行的高度赞扬。正当福州一中“百尺竿头、更进一步”将有大作为的时候，“反右倾”政治运动开始。陈校长坚持实事求是的精神，反对浮夸风，他以“福州一中的教学质量应当走在前列，但不能保证年年全国第一”这样的坚守，不与浮夸风合流。后来，他被认为“犯有严重的右倾错误”，受到不公正的批判与党内处分，他被调离福州一中到漳州师专工作。

在他离开福州一中期间，不尊重教育规律、不遵守教学秩序的一些做法出现，造成了教学质量严重滑坡。面对这种严峻的局面，厅领导根据中央文件精神为陈校长平反，肯定了他的成绩，1962 年他第二次进入福州一中。

在“二进”一中时，他整顿教学秩序、深化“双基”教学与训练，加强实验与社会实践活动，让学生的德、智、体、美、劳诸方面得到全面发展与提升，福州一中又走上了健康的发展道路。正在福州一中沿着教育规律进一步提升的时候，爆发了“文化大革命”时期，对教育的摧残和陈校长的身心伤害，我们都是见证者。陈校长默默地忍受，心中期待着光明的来临。

1978 年党的十一届三中全会召开，迎来了教育的春天。福州一中广大教职员工强烈要求为党的教育事业呕心沥血，为福州一中奠基的陈君实老校长回校主持工作，经省委、省教育厅研究批准，1979 年底陈君实老校长第三次进入福州一中。

“三进”一中，他率先提出“教育要为二十一世纪培养创造性人才”的教育目标，引导这所名校更上一层楼，直到 1983 年他离开福州一中。

所以陈校长在福州一中的历程是光荣与成功的历程，同时又是坚韧不拔、不计个人得失、披荆斩棘的奋斗历程。他的这点精神将永远留在中国教育史册上，激励后昆。

今天我站在这里向这位具有哲人气质的优秀教育家做最后告别，心中倍感痛楚。我是 1958 年大学毕业，从江苏分配到福州一中，当时见陈校长高大威严、不苟言笑，我们没有更多的个人接触。“文化大革命”时期，我们有了深入的私下接触和了解，他的思维广阔、目光锐利、对时事的研判能力让我惊叹！在后来的工作中，我对他严谨治校、凛然正气、思维敏锐、勤学不辍的精神感到钦佩！

安息吧！陈君实老校长。

2018年12月29日

在陈君实老校长追悼会上所致的诔词

汪征鲁

我们都是老校长陈公君实的学生。

在此送老校长羽化登仙之际，作为他的学生，我们有悲哀，有不舍，有感恩；但我们还更有一种崇敬与自豪，一种厚重与神圣的历史感。

每一个时代都造就了那一个时代的教育家。春秋的“百家争鸣”造就了孔子、墨子；两汉的征辟、察举制的演化和发展使经学的传授由师传到家传，产生了一批有名的经师；两宋理学造就了书院的繁盛和程颢、程颐、朱熹；清末北方农村的贫困与愚昧造就了武训；民国时期的积贫积弱和西学东渐造就了陶行知、张伯苓；等等。同样，在这一政治与理念中的两难选择造就了陈君实与高考红旗的福州一中。陈君实在政治与理念之间的这种取舍，用他的话来说：“犹如走钢丝，太难了！”但共产党员的事业心使他在觉悟与本能之间，在虚虚实实之中，义无反顾地进行着这种取舍，他写下了中华人民共和国成立初期中国基础教育史上最辉煌的篇章。在这种取舍中，他超越了时代，超越了自我。我不由想起司马迁《报任安书》那一段千百年来脍炙人口的句子：“古者富贵而名摩灭，不可胜记，唯倜傥非常之人称焉。盖文王拘而演《周易》；仲尼厄而作《春秋》；屈原放逐，乃赋《离骚》；左丘失明，厥有《国语》；孙子膑脚，《兵法》修列；不韦迁蜀，世传《吕览》；韩非囚秦，《说难》《孤愤》；《诗》三百篇，大底圣贤发愤之所为作也。”是啊，艰难困苦，玉汝于成。从某种意义上讲，在陈君实治下的福州一中，就是其“发愤之所为作也”。

老校长陈公君实千古。

2019 年 12 月 29 日

陈公君实仙逝二周年
再祭高考红旗

汪征鲁

读罢陈公君实老校长哲嗣陈登登、陈小钢的《祭父文》，有一种压抑不住的酸楚，继之又如鲠在喉不吐不快。

先生已矣，然一生功业未彰；先生功业未彰，正在我辈。尧、舜、禹、商汤、文、武、周公之彰，正在孔、孟；孔、孟之彰，正在二程、朱熹；朱熹之彰，正在黄榦、真德秀；俱后学为之彰。虽层次不同，其理一也。

先生一生的功业凝聚于高考红旗。先生针对时弊，在福州一中实行了智育率先、全面发展的方针，取得“全国高考红旗”三连冠的历史性成果。

先生之所以实行智育率先，在于当时的德育为突出政治，当时的体育为军事化、生产劳动化，具有神圣不可侵犯的地位，而智育则一贬再贬，被斥为白专。先生之苦心孤诣明矣。

高考红旗，就是把传承科学、文化作为教育的本质；高考红旗，就是有教无类，在考试面前人人平等；高考红旗，就是追求卓越，勇争第一。这是在特定的历史时期，对中国基础教育的纠偏济困。

旗帜猎猎，先生可以不朽矣。

2020年12月16日

答谢词

尊敬的长辈、亲朋好友、各位领导：

亲爱的爸爸离我们远去了，谢谢大家前来送爸爸最后一程。

爸爸的一生命运多舛跌宕起伏，但是他没有退缩。他是一名战士，披荆斩棘不怕牺牲，为中华人民共和国而战斗。1949 年后，他呕心沥血不畏艰难，为中国的教育事业奉献所有。

在我们心里，爸爸是一棵大树，为我们遮风挡雨，扶持我们成长。

几天来，看到大家对爸爸的深切怀念之情，听到很多尘封的往事，深深感受到您们对爸爸浓浓的情义，天堂里的爸爸，您听到了吗？

您这一生，值了！

虽然爸爸离开了，但是我们还有许许多多的兄弟姐妹，我们会好好的。

亲爱的爸爸，安息吧！

我谨代表我们全家感谢所有帮助过我们的亲人、朋友！感谢各位领导！谢谢您！

陈登登

2018 年 12 月 29 日

致谢信

2018 年 12 月底匆匆回国奔父丧，短短几天，见到了许多认识及不认识的老师、学长。

爸爸的一生主要都在教育领域度过，虽然从未听他说过，但我可以感觉得到他最得意就是在福州一中的经历。社会、领导的认可，“高考红旗”的成就似乎并不让他引以为殊荣，我看得出来，他为一中优秀的教师团队和优雅的校风而自豪，当然，最让他感到骄傲的，是从一中走出来的一批又一批优秀的学生。

看着来告别的老师、校友，我心中充满感激。谢谢你们，为爸爸的一生画上完美的句号！

陈小钢

2019 年 1 月 13 日

怀念爸爸

陈登登

感谢福州一中老教师、老校友提议，出版陈君实纪念册。老师、学长们纷纷撰文抒怀，字字句句，情真意切，让我深受教育并深深感动。我也被要求写爸爸的往事，我思考多日，不知从何说起，久久无从下笔。

前几天，整理电子文档找到一份当年替爸爸制作的题词，重读爸爸的遗训，往事渐渐浮现。

恭录华夏文化光辉遗产赠56届同学：

读万卷书　行万里路

肤浅感悟：

读书　认真读书　终生读书

劳动　热爱劳动　坚持劳动

为中华和平崛起——

勇于创新、奋力攀登人生高峰。

陈君实

二00六年七月卅一日

"读书，认真读书，终生读书；劳动，热爱劳动，坚持劳动"，这是爸爸一直以来对我们的鞭策和教导，他的一生也是这样身体力行的。

妈妈告诉我，我刚出生爸爸就说，要把女儿培养成七层褥子底下的一颗豌豆也能感觉到的公主。儿时的生活的确优渥，爸爸妈妈出差总会给我带回很多漂亮的衣裙，还有好吃的水果、糕饼、巧克力，塞满了抽屉。

1959 年，爸爸被调去漳州师专任教务处主任，我们住在城里的一座老宅院里，刚去不久，就遇到"6.9"特大洪水，那天，我看着屋外黄色的水在远处的公路上慢慢地涌过来，家门外一根中间朽空了的木头渐渐地浮了起来，像极了独木舟，我坐了进去用树枝划呀划，随着黄水越涌越高，我的"小船"也越浮越高。川流的人群用门板、大木桶……各种能够漂浮的工具，装着孩子、箱笼、包袱从我家门前的"河"上漂出城外去。将近天黑的时候，黄水漫进了大门、屋里，水越涨越高了，这时，我看见远远漂过来一条木船，高大的爸爸手握木桨站在船头，把我和弟弟接上船，去了城外师专的后山上。山上已有许多老师和学生在那儿聚集，天上一架架直升机飞来飞去，空投了许多装满救灾物资的箱子，人们欢呼着去捡拾。洪水退去后，回家一看，洪水留在墙上的痕迹有一个大人那么高。后来好长一段时间，食堂里都只有霉大米煮的馊稀粥。

上学之后，爸爸变得严厉了，去漳州时，我刚上小学二年级，洪水过后，我们搬到近郊的师专宿舍，去市里的实验小学，每天要徒步往返四趟，是沙石的公路，要穿过菜地和池塘，好玩得很。那时没有时间概念，走一趟要好久好久，也许是半小时，边走边玩，也不知道具体距离多远，后来也没有考证过。一次午后上学的路上不记得是什么原因耽搁了，心里想反正迟到很久了，干脆逃学吧。不想，被爸爸发现了，不由分说，一定要我再走回学校去，等我走到学校，都要放学了。打那以后都不敢再迟到，更不敢逃学。

那时妈妈还没有调去漳州，爸爸一人带着我们姐弟，有一位老阿嬷帮忙煮饭带弟弟。每周六晚上，爸爸都会骑着自行车载着我和弟弟，弟弟在前我在后，进城看电影看戏剧，看的什么内容已记不清了，只记得爸爸骑着车，在沙土石子路上“飞驰”，时不时被颠得“蹦蹦跳跳”的。一路上，我们谈天说地，爸爸嘴里还哼着无字歌“哩哩啦、哩哩啦……”

1962 年 7 月，我们回到福州。二进一中，爸爸又忙起来了，他总是很晚回家，每次回家都要翻看我的书包，检查作业。有一次半夜回来，发现我做错了习题，立即把熟睡的我抓起来，迷迷糊糊中听到妈妈说明天再改吧，爸爸说不行！当天事当天了，硬是把我叫起来订正。幸好，小学毕业我是以满分的成绩考入福州一中的。爸爸对我严格要求，让我从小懂规则、守规矩。

我的弟弟小钢从小就调皮，妈妈给买的上了发条就能摇头摆尾的玩具鲤鱼，还没半天就被肢解了，家里的闹钟也被他给“五马分尸”。我向爸爸“告状”，弟弟分辩说想拆开“研究研究”里面是什么，爸爸一听夸奖说：“好！好！有探索精神！”要再买一个给他拆。

说到弟弟，他自己曝光了一段糗事。在屏南一中时，有一回考英文得了五分（百分制）。妈妈以为是五分制的，杀鸡奖励，弟弟吃得高兴得意忘形，漏了一句“别人也不过才考二十几分”。爸爸知道后着急了，立马把弟弟转回福州一中。算是爸爸唯一一次为家人谋私利吧。弟弟在一中补习班得到老师们的精心教导，恢复高考后考上厦门大学。

爸爸身材高大，神情威严，不苟言笑，让人望而生畏，妈妈总说爸爸像铁壳暖水瓶——外边儿凉里边儿热。每个台风将临，他总要去校园里四处巡视，检查教室的门窗是否关好了，这个“习惯”到了他晚年在南星中学时还保持着。

学校里的工友“阿肥伯”、信伙、行胞等人都对爸爸很好，在爸爸每次到食堂打饭，食堂工友信伙和行胞总会给爸爸多舀几勺菜，并且“强制”给爸爸碗里加肉。爸爸每每说起这些心里都是暖暖的，感叹劳动人民纯朴、真挚的情谊。

20 世纪 70 年代末我们陆续回到福州，在福一中老师们热情执着的要求下，爸爸三进一中，再次担任领导职务。那时，爸爸最经常说的就是“向前看”，过去的就让它过去，他这么说的也是这么做的。

一次，中央人民广播电台播出了大合唱《哈利路亚》，对于听惯了《沁园春·雪》《钟山风雨》之类的我很震惊，怎么能这么好听，这么气势恢宏？更震惊的是，爸爸竟然会唱！要知道，有人送给爸爸的外号是“艺术的绝缘体”啊。爸爸颇为得意的一件事是，高考前夜让住校考生放下书本，集体到天台楼顶听《蓝色的多瑙河》等音乐来放松心情。原来，爸爸小时候还是唱诗班成员，才不是“艺术的绝缘体”呢！

三进一中，爸爸提出了教育必须展望 21 世纪，全身心投入到抓教学质量、抓改革之中。爸爸始终保有刚正不阿、六亲不认的性格。

1991 年到 1997 年，离休后的爸爸和妈妈受爱国华侨、他儿时的挚友吕振万先生委托，回到老家南安水头镇“支教”。那时的南星中学没有围墙，操场上牛羊成群，是村里的“畜牧场”，有时还是“石料场”“练车场”“丧事场”……校园破旧不堪，师生住宿困难，教室桌椅斑驳陈旧，实验设备短缺……爸爸对吕先生说：“你出钱、我出力，重建南星。”古稀之年的爸爸，奔走在家乡，一砖一瓦盖起了楼，配齐了实验设备，广募优秀教师，校园里更是高楼小亭相映，繁花似锦，绿树成荫。妈妈说，爸爸经常在校园里巡逻，亲自驱赶擅闯操场的牧牛人，发现有人采花，他也要冲过去断喝一声“不许采！”校园隔壁的卡拉 OK 厅，因为影响师生们学习和休息，也在爸爸的不懈“斗争”中关张了，爸爸再一次展现了他“堂吉诃德”式的“威风”。那时，坊间流传着一句话“千万别惹那个倔老头”。爸爸的心血没有白费，南星中学于1992年获评为省三级达标中学、1996年评上省二级达标中学。

2000年后，爸爸患了一次小“中风”，离开南星中学，渐渐退出社会舞台，真正做起了“寓公”。但是，他仍然喜欢读书看报，历史、经济、军事……感兴趣的内容就剪下来，剪剪贴贴，还注上各种数据、心得体会，厚厚的几十本，乐此不疲。一次，爸爸独自出门遛达，到七点多还没回家，我在三牧坊、贤南路一带找了几圈都不见人影，差点要报警了。最后，他颤颤巍巍地自己摸回来了，原来他在省府路新华书店看书入了迷，那时书店没有座椅，老人家硬是站着看了一下午，腿麻了，眼花了，脑袋也蒙了，找不到回家的路。老了老了还是这么“嗜书如命”呀。

爸爸和福一中的老教师们也对他们这一生的办学实践在思考、在总结，并于2002年召开了“庆祝陈君实老校长从教五十周年暨《荆棘之路——陈君实教育实践文集》首发式”大会。书出版后，爸爸还经常捧着《荆棘之路》读着，思考着，在书中写写画画，又写了《感悟教育人生——重读〈荆棘之路〉》发表于《福建教育研究》（2011年第1期）和有关职业教育的《农民工的春天何时到来》发表在《福建教育》2014年第13期。

爸爸的题词浓缩了他一贯的办学理念，为中华和平崛起，为国家建设培养人才，每每说到“高考红旗”，他都会说这只是“副产品”，而绝不是目标。在爸爸生命的最后几年里，他的身躯佝偻了，记忆力、视力减退了，书报只能看看大标题，有时听听音乐和电视，基本不出门，最多拄着助行器在家里蹒跚几步，整个人蔫蔫儿的，还时不时打个盹儿，我看着心里难过，生命正在一丝一丝地从他身上抽离。可是，每当老朋友、老校友来家里看望，他就来劲儿了，说起话来滔滔不绝，也不要喝水，对优秀的学生和教师，他都记得，尤其是那些成为行业翘楚的校友更是如数家珍念念不忘。

每当好天气，我总说带爸爸去公园转转，看看风景，他都不去。2016 年 4 月 23 日世界读书日，我说起海峡书城举办书展，他马上说要去。我与保姆用轮椅推着他逛书展，买了好多书：《中国科学技术史》《中国造船通史》《论新常态》……那一天爸爸可高兴了。后来还给我“科普”：什么是“新常态”。

同年 11 月 26 日应马老师邀请，爸爸兴致勃勃地参观了华南女子学校新校区和校史展览，对这所非营利民办高校的成就赞赏不已。不久，大病初愈的游天容老师来家里看他，聊天中爸爸关切地询问游老师老家平潭岛的经济发展和平潭——台中海上航线开通的情形，表示很想去看看。于是，当年的 12 月 3 日，游老师请福大老干处派了车，请游老师带路，专程去到平潭岛。寒风中，在试航期的平潭东沃客滚轮码头，爸爸拄着手杖欣喜地四处走着，他那么仔细地看着、认真地听着，像是了却了一桩心愿。此后，他再也没有离家出过远门。

2018 年 8 月，久居香港的林仁木老师专程来家里看望爸爸，老朋友相见交谈甚欢，还是三句话不离教育，爸爸又说起了他的心得，那就是——“越彼尸山奋勇前进”和“用心做事”！

爸爸还常常念叨着“三农问题”“职业教育”……而最经常挂在嘴边的是这么一句话“...of the people，by the people，for the people...”（……民有、民治、民享……——林肯）。

我想，为人民大众的福祉，这就是爸爸一生为之奋斗的精神源泉吧。

2020 年 11 月

《猫赋》

陈登登

还在一中宿舍住时，鼠患猖獗，晚上看电视时，老鼠竟大摇大摆地出来遛达。我从小就怕老鼠，连图片里画的都怕看，真是吓得肝儿颤。

无计可施之下，托友人从德化乡下抱来一只猫，小保姆的小儿子给起名“咪咪”，从体型看咪咪已成年，毛色灰，不是我想要的橘黄，觉得她不漂亮，也有点儿怕，不敢触碰，让朋友拿了根细电线拴在电视机下面。刚到一个陌生的地儿，咪咪一直弱弱低吟。白天就把她牵到阳台让她待着，没想到啊！第二天，她就在阳台那儿捕获鼠儿一只，具体经过没人看到，只见阳台上一堆鼠尸碎渣。从此，家中再无鼠患。

老爸直呼：“好猫！好猫！”

正如邓公说的“白猫黑猫，能抓老鼠就是好猫！”我家咪咪绝对是好猫！老爸每天督促着买鱼奖赏她，理由是，她是猫科动物，是食肉类，怎么能没有鱼吃?！从此，我家咪咪过上了幸福的喵生。

搬到电梯房新家，我想将咪咪留在旧家让她自生自灭，老爸坚决不肯，亲自把她带到了新家，并且，一直叫我解除缚在她脖子上的绳子，让她自由。我怕她上桌、上床，始终不肯。于是，老爸干脆拿剪刀剪了绳子，咪咪彻底获得自由！咪咪似乎知道爷爷是她的保护神，每当她做了坏事，我凶她或是举起棍子要打她，她就会飞快地跑到爷爷跟前“喵喵喵”，求保护，或者钻到老爸的床底下。每每吃饱喝足的时候，就会趴在老爸脚边蹭啊蹭的，摇尾卖萌，一副很享受的样子。

老爸时常念叨着要仿诗经的《硕鼠》，写一篇《猫赋》。遗憾的是，找不到草稿了。

不尽的思念

陈登登　陈小钢

爸爸离开我们两周年了。

两年来，我们遇到的每一位福州一中的老教师、老校友，都在诉说着对您的崇敬与怀念之情，我们心中充满感激。

爸爸的一生命运多舛、跌宕起伏，但是您没有退缩，您是一名战士，您不怕牺牲，为共产主义真理、为中华人民共和国而战，1949年后，为中华人民共和国的教育事业奉献所有。

1952—1983年期间，您三进三出福州一中，在三牧坊这个校园里，您披荆斩棘、辛勤耕耘，收获的是一所全国名校。社会、领导的认可，高考红旗的成就似乎并不让您引以为殊荣，我们知道，您最为得意与骄傲的是，在三牧坊这块园地上，培育了一支优秀的教师团队，从这里，走出一批又一批的优秀毕业生，让文明之风代代相传。这一切，都让您引以为自豪。可是您却从不因此争名图利，甚至以此沽名钓誉。您一如既往、义无反顾地为党的教育事业奋斗不息，直至生命的最后一刻。

两年来，福州一中许多老教师、老校友，仍在为纪念、传承您的精神品格，而努力着。再次，我们向老师、校友们深深地鞠躬、致谢。

爸爸！您的“那点光”，是留给我们巨大的精神财富。

爸爸！您永远活在我们心里。

2020年12月16日

后　记

《三牧坊的花环——纪念教育家陈君实文集》，自2019年初酝酿，期间经历新冠肺炎疫情延宕，又几经曲折，终于付梓名世，祭奠于陈公在天之灵。

中华人民共和国成立之初，陈君实接任福州一中校长。之后，终其一生，潜心于基础教育的研究与实践，筚路蓝缕，以启山林，取得了开创性的成果，也成就了福州一中全国基础教育典范的地位。作为当代教育家，可谓实至名归。

福建省教育厅王于畊老厅长，曾语重心长地致信陈君实说："我们的那点光一定会留给后人。""那点光"，微言而有大义。陈君实时代的福州一中作为正面的典型被推崇过，也作为反面典型被批判过，即使在今天也不乏微词，但是金子，它会永远闪光，哪怕是"那点光"。

《荆棘之路》《三牧坊的花环》之要旨，就是要薪火传承，将陈君实教育思想之光发扬光大，留芳青史，启迪后人。

本书的编撰，源起于叶小宇、叶东、贾晓工、陈登登等校友的倡议，后由教师游天容，校友汪征鲁、陈登登等组成编撰小组，付诸实施。本书由前校长朱鼎丰作序。书名由1966届高中校友、历史学家汪征鲁拟献，由1967届初中校友龚平书法。

《三牧坊的花环》，淡雅、隽永，个中的文化、文明、文心，一中学子均有灵犀。这是因为，古老的三牧坊是福州一中的化身，那个时代的教师与学子，曾在兹砥砺学问，锻造体魄，挥洒青春。之后，无论是到天涯海角，三牧坊都是他们魂牵梦绕的精神家园。三牧坊的天桥爬满了紫藤萝，当淡紫色的花儿朵朵开放时，有如万千学子的瓣瓣心香，缅怀那位伟岸威仪、悲天悯人的家长与哲人。

编　者

2021 年元月 1 日